Hannah Arendt
Was heißt persönliche Verantwortung
in einer Diktatur?

PIPER

Zu diesem Buch

»Die Trennungslinie zwischen denen, die denken wollen und deshalb für sich selbst urteilen müssen, und denen, die sich kein Urteil bilden, verläuft quer zu allen sozialen Unterschieden, quer zu allen Unterschieden in Kultur und Bildung. In dieser Hinsicht kann uns der totale moralische Zusammenbruch der ehrenwerten Gesellschaft während des Hitlerregimes lehren, dass es sich bei denen, auf die unter solchen Umständen Verlass ist, nicht um jene handelt, denen Werte lieb und teuer sind und die an moralischen Normen und Maßstäben festhalten; man weiß jetzt, dass sich all dies über Nacht ändern kann, und was davon übrig bleibt, ist die Gewohnheit, an irgendetwas festzuhalten. Viel verlässlicher werden die Zweifler und Skeptiker sein, nicht etwa weil Skeptizismus gut und Zweifel heilsam ist, sondern weil diese Menschen es gewohnt sind, Dinge zu überprüfen und sich ihre eigene Meinung zu bilden. Am allerbesten werden jene sein, die wenigstens eins genau wissen: dass wir, solange wir leben, dazu verdammt sind, mit uns selbst zusammenzuleben, was immer auch geschehen mag.«

Hannah Arendt, am 14. Oktober 1906 im heutigen Hannover geboren und am 4. Dezember 1975 in New York gestorben, studierte unter anderem Philosophie bei Martin Heidegger und Karl Jaspers, bei dem sie 1928 promovierte. 1933 emigrierte Arendt nach Paris, 1941 nach New York. Von 1946 bis 1948 arbeitete sie als Lektorin, danach als freie Autorin. Sie war Gastprofessorin in Princeton und Professorin an der University of Chicago. Ab 1967 lehrte sie an der New School for Social Research in New York.

Marie Luise Knott lebt als freie Autorin und Herausgeberin in Berlin. 2011 erschien ihr Buch *Verlernen. Denkwege bei Hannah Arendt* und 2017 ihre Monografie *Dazwischenzeiten. 1930 – Wege in der Erschöpfung der Moderne.* Bei Piper gab sie, neben dem vorliegenden Band, Hannah Arendts *Vor Antisemitismus ist man nur noch auf dem Mond sicher* und *Wir Juden* heraus.

Hannah Arendt

Was heißt persönliche Verantwortung in einer Diktatur?

Übersetzt von Eike Geisel

Herausgegeben und mit einem Essay von Marie Luise Knott

PIPER

Mehr über unsere Autorinnen, Autoren und Bücher:
www.piper.de

Von Hannah Arendt liegen im Piper Verlag vor:
Vita activa oder Vom tätigen Leben
Über die Revolution
Im Vertrauen
Wir Juden
Vor Antisemitismus ist man nur noch auf dem Monde sicher
Was heißt persönliche Verantwortung in einer Diktatur?
Schreib doch mal ›hard facts‹ über dich
Wie ich einmal ohne dich leben soll, mag ich mir nicht vorstellen
Denktagebuch
Ich selbst, auch ich tanze
Wahrheit gibt es nur zu zweien
Briefe 1936–1968 (mit Heinrich Blücher)
Eichmann war von empörender Dummheit
Wahrheit und Lüge in der Politik
In der Gegenwart
Zwischen Vergangenheit und Zukunft
Das Urteilen
Menschen in fnsteren Zeiten
Eichmann in Jerusalem
Über das Böse
Denken ohne Geländer
Ich will verstehen
Was ist Politik
Vom Leben des Geistes
Elemente und Ursprünge totaler Herrschaft
Rahel Varnhagen
Macht und Gewalt

Unser Versprechen für mehr Nachhaltigkeit
• Klimaneutrales Produkt
• FSC®-zertifiziertes Papier
• Hergestellt in Europa

FSC www.fsc.org MIX Papier aus verantwortungsvollen Quellen FSC® C083411

Originalausgabe
ISBN 978-3-492-23828-1
1. Auflage Oktober 2018
6. Auflage März 2022

Titel des amerikanischen Originals: »Personal Responsibility Under Dictatorship«, aus: *Responsibility and Judgement,* Schocken Books, a division of Random House, Inc. New York 2003

Umschlaggestaltung: Büro Jorge Schmidt, München
Satz: Eberl & Koesel Studio GmbH, Altusried-Krugzell
Gesetzt aus der Granjon LT
Druck und Bindung: CPI books GmbH, Leck
Printed in the EU

INHALTSVERZEICHNIS

Das englische Originalmanuskript des hier abgedruckten Vortrags stammt aus den Jahren 1964/1965. Es befindet sich unter dem Titel »Personal Responsibility under Dictatorship« im Nachlass von Hannah Arendt und blieb zu ihren Lebzeiten unveröffentlicht. An welches Publikum Arendt die hier veröffentlichte Langfassung adressierte, ist unbekannt.
Im Jahr 1991 übersetzte Eike Geisel den Text aus dem Nachlass; seine Übersetzung erschien unter dem Titel »Die persönliche Verantwortung in der Diktatur« in dem gemeinsam mit Klaus Bittermann herausgegebenen Band mit Essays von Hannah Arendt *Israel, Palästina und der Antisemitismus* im Berliner Wagenbach Verlag. Als Jerome Kohn im Jahr 2003 den Vortrag erstmals auf Englisch veröffentlichte (in *Responsibility and Judgement*), schrieb er erläuternd, er habe, da Arendts Englisch nicht muttersprachlich sei, das Manuskript ediert, »kohärent« gemacht und wo nötig die Syntax geändert. Entsprechend gibt es geringe Abweichungen zwischen der deutschen und der englischen Fassung. Für den vorliegenden Band wurde die ursprüngliche Übersetzung von Eike Geisel nach dem nachgelassenen Vortragsmanuskript von der Herausgeberin überarbeitet. Wir danken Klaus Bittermann für die freundliche Überlassung der Abdruckgenehmigung.
Bei den Abbildungen auf den Umschlaginnenseiten sowie auf den Seiten 35 und 47 handelt es sich um Reproduktionen aus dem Originalmanuskript.

WAS HEISST PERSÖNLICHE VERANTWORTUNG IN EINER DIKTATUR?

Vortrag, 1964/65

Ich hoffe, Sie nehmen es mir nicht übel, wenn ich mit zwei persönlichen Bemerkungen beginne. Wie Sie wissen, verdanke ich die Einladung, hier zu sprechen, der reichlich wilden Kontroverse, die mein Buch über den Eichmann-Prozess ausgelöst hat. Ich sage hier ganz bewusst »ausgelöst« und nicht »verursacht«, denn – und darauf habe ich schon früher hingewiesen – ein Großteil der Kontroverse galt einem Buch, das nie geschrieben wurde. Anfangs wollte ich das Ganze mit einem berühmten österreichischen Bonmot abtun: Nichts ist so unterhaltsam wie der Streit über ein Buch, das niemand gelesen hat. Als dies alles jedoch weiterging und immer mehr Stimmen laut wurden, die mich nicht nur angriffen wegen etwas, das ich nie gesagt hatte, sondern mich im Gegenteil genau für dieses nie Gesagte zu verteidigen begannen, da dämmerte mir, dass es sich bei diesen etwas unheimlichen Darbietungen um mehr als um bloße Sensation und Unterhaltung handeln könnte; dass es um mehr als um »Emotionen« ging, das heißt um mehr als um aufrichtige Missverständnisse, die bereits des Öfteren die Verständigung zwischen Autor und Leser gestört hatten, und auch um mehr handelte als um die üblichen Verzerrungen und Verfälschungen durch

Interessengruppen, die viel weniger mein Buch als solches fürchteten als vielmehr, dass es eine unparteiische und eingehende Untersuchung der zur Diskussion stehenden Geschichtsperiode anstoßen könnte.

Was bei den vielen die Kontroverse begleitenden öffentlichen und privaten Diskussionen so sehr ins Auge sprang, war die Tatsache, dass ich eine ganze Reihe der strikt moralischen Fragen, die aufgeworfen wurden, nie gestellt und andere nur beiläufig erwähnt hatte. Ich hatte einen Tatsachenbericht des Prozesses verfasst, und selbst dessen Untertitel »Ein Bericht von der Banalität des Bösen« stimmte in meinen Augen so offenkundig mit den Fakten des Falles überein, dass ich jede weitere Erklärung auf faktischer Ebene für unnötig hielt, auch wenn ich natürlich wusste, dass jede von diesem Phänomen abgeleitete Theorie im Widerspruch zu bestimmten traditionellen Vorstellungen vom Charakter des Bösen und vom Wesen menschlicher Gemeinheit stehen würde. (Zu meinem Glück lenkt der Titel des heutigen Vortrags unsere Aufmerksamkeit in eine andere Richtung.)

Obwohl ich mich, abgesehen von dem Epilog, in dem es mehr um juristische als um moralische Fragen ging, und mit Ausnahme gelegentlicher Nebenbemerkungen, die aber eher politischer denn moralischer Natur waren, strikt an die Tatsachen gehalten hatte und obwohl einige Vertreter des unlauteren Disputs versuchten, die Fakten selbst anzuzweifeln, kamen die meisten aufrichtigen Disputanten sofort auf theoretische Fragen zu sprechen, auf allgemeine Probleme der Moralphilosophie, und zwar ganz so, als stünden diese Probleme nicht nur bei den Lesern, sondern bei jedem, der sich auch nur entfernt mit diesen Dingen beschäftigt, an vorderster Stelle. Mit einigem Entsetzen hörte ich Leute Sätze sagen wie: »Jetzt wissen wir, dass in jedem von uns ein Eichmann steckt«; oder: »Liegt es nicht am modernen Leben, dass wir alle bloße Rädchen in irgendeiner Maschinerie geworden sind?« oder: »Opfer sind eigentlich immer hässlich, kein Wunder, dass Eichmann ›so viel besser wegkommt ... als seine Opfer‹«, ein Argument, das umso aufschlussreicher ist, als es nicht das Geringste mit dem zu tun hat, was ich je gesagt oder geschrieben habe, und deshalb zeigt, in welchem Ausmaß Menschen tatsächlich glauben, es sei besser (schöner?), Unrecht zu tun, als Unrecht zu leiden, auch wenn diese Überzeugung ihnen dann doch zu schaffen macht. Oder, auf einer höheren Ebene: »Durch die Leiden wurden die Juden unerträglich, und diesen Krieg haben die Nazis gewonnen«, womit etwas ganz Naheliegendes übersehen wird, nämlich dass, wenn dies wahr wäre, niemand sich zwanzig Jahre später um all diese Dinge kümmern würde; oder: »Wenn das allertragischste Ereignis der Moderne der Mord an den sechs Millionen europäischen Juden ist, dann ist der Prozess gegen Adolf Eichmann in Jerusalem das interessanteste und bewegendste Kunstwerk der letzten zehn Jahre« (wenn dieser oder irgendein anderer Prozess ein »Kunstwerk« ist, dann möchte ich wissen, um was es sich bei einem Gemälde von Picasso oder einem Roman von Faulkner handelt); oder: »Die Banalität des Bösen ist ›als Theorie schwer zu widerlegen‹, weil sie alles ›plausibel‹ erklärt.« (Ich hatte auf eine Tatsache hingewiesen, die ich für schockierend hielt, weil sie unseren Theorien über das Böse widersprach, und von daher auf etwas möglicherweise Wahres, aber doch nicht Plausibles hingewiesen.)

Dabei war ich selbstverständlich davon ausgegangen, dass wir alle es noch immer mit Sokrates halten, der gesagt hat, es sei besser, Unrecht zu erleiden, als Unrecht zu tun. Diese Annahme erwies sich als Irrtum. Viele waren überzeugt, dass man unmöglich jeglicher Versuchung widerstehen könne und dass man, wenn es hart auf hart komme, keinem von uns trauen solle; dass Versuchung und Zwang ziemlich dasselbe seien. Es war Mary McCarthy die als Erste auf diesen Trugschluss hingewiesen hatte: »Wenn jemand ein Gewehr auf dich richtet und sagt: Töte deinen Freund, oder ich töte dich, dann handelt es sich um eine Versuchung und nichts anderes.« Und während dort, wo das eigene Leben auf dem Spiel steht, eine Versuchung juristisch vielleicht ein Verbrechen entschuldigen mag – eine moralische Rechtfertigung ist sie dennoch nicht. Mir fiel in diesem Zusammenhang nachträglich ein Vorfall ein, der sich vor einigen Jahren im Kontext eines Fernseh-Quiz-Betrugs ereignet hatte. Hans Morgenthau hatte im *New York Times Magazine* ganz selbstverständlich geäußert, dass es Unrecht sei, um des Mammons willen zu betrügen, dass es doppelt Unrecht sei, in intellektuellen und geistigen Angelegenheiten zu betrügen, und dass es dreifach Unrecht sei, wenn ein (akademischer) Lehrer betrog. Die Reaktionen auf diesen Artikel waren überwältigend negativ: Eine solche Verurteilung sei mit christlicher Nächstenliebe unvereinbar, denn nur Heilige könnten der Versuchung von so viel Geld widerstehen.

Schließlich – und das war in gewisser Weise am erstaunlichsten, da wir es ja doch mit einem Gerichtsverfahren zu tun hatten, dessen Ergebnis in der Regel in einem Urteil besteht, wurde mir vorgehalten, dass es falsch sei, überhaupt urteilen zu wollen; niemand könne urteilen, der nicht dabei gewesen sei. Dies war im Übrigen Eichmanns eigenes Argument gegen den Urteilsspruch des Jerusalemer Landgerichts, welcher besagte, dass es Alternativen gegeben habe und Eichmann sich seinen mörderischen Pflichten hätte entziehen können; er aber bestand darauf, dass es sich dabei um Nachkriegslegenden handle, um Ansichten, die im Nachhinein geschaffen worden seien und von Leuten vorgebracht würden, die nicht wüssten oder vergessen hätten, wie es damals gewesen sei.

Aus zahlreichen Gründen berührt die Debatte darüber, ob es überhaupt möglich und rechtlich zulässig ist zu urteilen, die wichtigste moralische Frage. Es geht hierbei um zwei Dinge: Erstens, wie kann ich Recht von Unrecht unterscheiden, wenn die Mehrheit oder meine gesamte Umgebung die Frage schon vorentschieden hat? Wer bin ich, dass ich richte? Und zweitens, in welchem Umfang, wenn überhaupt, können wir vergangene Ereignisse und Vorfälle beurteilen, bei denen wir nicht zugegen waren? Was das Letztere betrifft, so liegt auf der Hand, dass weder Geschichtsschreibung noch Gerichtsverfahren überhaupt möglich wären, wenn wir uns diese Fähigkeit absprächen. Man kann sogar noch einen Schritt weitergehen und feststellen, dass wir in den meisten Fällen, wo wir von unserer Urteilsfähigkeit Gebrauch machen, nachträglich urteilen, und dies gilt gleichermaßen für die Geschichtsschreibung wie für den Richter, der aus gutem Grunde den Berichten von Augenzeugen ebenso misstraut wie dem Urteil von Dabeigewesenen. Und da schließlich die Frage (ob urteilen darf, wer nicht dabei gewesen ist, MLK) für gewöhnlich den Vorwurf der Selbstgerechtigkeit mit einschließt, möchte ich hinzufügen: Wer hat je behauptet, dass ich, indem ich ein Unrecht verurteile, unterstelle, dass ich selbst davor gefeit wäre, es zu begehen? Selbst der Richter, der einen Menschen wegen Mordes verurteilt, kann danach nur sagen: »And there, but for the grace of God, go I!«

Dies alles sieht also auf den ersten Blick wie ausgemachter Unsinn aus, doch wenn viele Leute – darunter auch intelligente – ohne erkennbare Manipulation Unfug von sich zu geben beginnen, dann geht es gewöhnlich um mehr als bloß um Unfug. Es gibt in unserer Gesellschaft eine weitverbreitete Furcht zu urteilen, was überhaupt nichts zu tun hat mit jenem »Richtet nicht, auf dass Ihr nicht gerichtet werdet«, und wenn diese Furcht meint, niemand solle »den ersten Stein werfen«, dann trifft es die Sache nicht. Denn hinter der Abneigung, über die Taten anderer zu urteilen, lauert der Verdacht, dass eigentlich niemand ein frei handelndes Wesen ist, und somit der Zweifel, ob überhaupt jemand für sein Tun verantwortlich ist oder zumindest für seine Taten einstehen kann. Jeder, der auch nur beiläufig moralische Fragen aufwirft, findet sich sofort konfrontiert mit einem erschreckenden Mangel an Selbstvertrauen und Stolz und mit einer vorgetäuschten Bescheidenheit, die mit »Wer bin ich, dass ich richte?« sagen will: Wir sind alle gleich, gleichermaßen schlecht, und jene, die versuchen oder vorgeben zu versuchen, halbwegs anständig zu bleiben, sind entweder Heilige oder Heuchler, und beide sollten uns in Ruhe lassen. Daher kommt es immer genau dann zu einem riesigen Aufschrei, wenn jemand an einer bestimmten Person eine ganz besondere Schuld festmacht, anstatt die Schuld für alle Taten bei geschichtlichen Bedingungen und dialektischen Bewegungen zu suchen, kurz: bei einer geheimnisvollen Notwendigkeit, welche sich hinter dem Rücken der Menschen vollzieht und alles, was sie tun, mit einer tieferen Bedeutung auflädt. Solange man die Wurzeln dessen, was Hitler getan hat, bei Platon oder Joachim von Fiore oder Hegel oder Nietzsche sucht oder Hitlers Taten der modernen Wissenschaft, der Technologie, dem Nihilismus oder der Französischen Revolution usw. anlastet, solange ist alles in Ordnung. Doch sobald man Hitler schlicht einen Massenmörder nennt und einräumt, dass es sich in seinem Fall um einen politisch besonders talentierten Massenmörder gehandelt hat und dass man sich durchaus bewusst ist, dass man das ganze Phänomen des Dritten Reiches nicht allein durch Hitlers Persönlichkeit und seine Fähigkeit, die Menschen zu beeinflussen, erklären kann – in diesem Augenblick herrscht übereinstimmend die Auffassung, dass ein derartiges Urteil über die Person vulgär und undifferenziert sei und in historischen Betrachtungen nichts zu suchen habe.

Ähnlich wurde sofort, um Ihnen ein anderes Beispiel aus einer gegenwärtigen Kontroverse zu geben, Einspruch erhoben gegen Rolf Hochhuths Theaterstück *Der Stellvertreter*, in dem der Autor Papst Pius XII. wegen seines eigenartigen Schweigens zur Zeit der Massaker an den Juden im Osten angegriffen hatte. Es hagelte nicht nur empörte Proteste aus dem katholischen Klerus, was nachgerade verständlich ist, sondern auch Lügen aus den Reihen eingefleischter Politmacher. Hochhuth, so wurde gesagt, habe den Papst als den Hauptschuldigen angeklagt, um Hitler und das deutsche Volk zu entlasten, was schlicht unwahr ist; dazu kam der in unserem Zusammenhang bedeutsamere Vorwurf, dass es »natürlich« oberflächlich sei, den Papst anzuklagen, wo doch die ganze Christenheit auf der Anklagebank säße; oder, noch besser auf den Punkt gebracht: »Zweifellos gibt es Gründe für solch schwere Beschuldigungen, aber angeklagt ist das ganze Menschengeschlecht« (Robert Weltsch, *Summa Iniuria oder Durfte der Papst schweigen?* rororo 1963). Der Gedanke, den ich in diesem Zusammenhang vorbringen möchte, geht über die allgemein bekannte, doch trügerische Annahme einer Kollektivschuld hinaus. Es handelt sich übrigens hierbei um einen Begriff, der erstmals auf das deutsche Volk und seine kollektive Vergangenheit angewandt wurde, um eine Vorstellung freilich, die sich in der Praxis als höchst wirksame Reinwaschung all jener erwiesen hat, die tatsächlich etwas getan hatten; wo alle schuldig sind, da ist niemand schuldig. Man muss nur Christenheit oder Menschengeschlecht an die ursprünglich für Deutschland vorbehaltene Stelle setzen, um zu sehen, wie absurd dieser Begriff ist, denn nun sind nicht einmal mehr die Deutschen schuldig, es gibt niemanden mehr, den wir benennen können, sondern nur noch einen Begriff.

Neben diesen Überlegungen möchte ich noch darauf hinweisen, wie tiefsitzend die Furcht davor sein muss, ein Urteil zu fällen, Namen zu nennen und Verantwortung zu betiteln (besonders wenn es, bedauerlicherweise, um Leute mit Macht und in hoher Position geht, ganz egal, ob sie noch leben oder nicht), wenn man sich mit derart verzweifelten intellektuellen Manövern behilft. Ist es denn nicht offensichtlich, dass die Christenheit viele Päpste ziemlich elegant überlebt hat, die viel schlechter waren als Pius XII., und zwar genau deshalb, weil niemals die ganze Christenheit angeklagt wurde? Und was soll man von all jenen sagen, die lieber die ganze Menschheit opfern würden, um eine hochrangige Persönlichkeit zu retten, obwohl diese Persönlichkeit keines Verbrechens, sondern nur einer zugegebenermaßen schweren Unterlassungssünde beschuldigt wird?

Es ist gut und richtig, dass es kein Gesetz gibt, das Unterlassungssünden unter Strafe stellt, und dass kein menschlicher Gerichtshof dazu berufen ist, darüber zu urteilen. Doch ein ebenso glücklicher Umstand ist, dass es in der Gesellschaft noch immer eine Institution gibt, vor der es nahezu unmöglich ist, sich Fragen der persönlichen Verantwortung zu entziehen, eine Institution, vor der alle allgemeinen und abstrakten Rechtfertigungen – vom Zeitgeist bis zum Ödipuskomplex – zusammenbrechen, vor der nicht Systeme oder Tendenzen oder die Erbsünde beurteilt werden, sondern Menschen aus Fleisch und Blut wie du und ich, Menschen, deren Taten menschliche Taten sind und die dennoch vor Gericht stehen, weil sie gegen Gesetze verstießen, deren Aufrechterhaltung wir für die Integrität unserer menschlichen Gemeinschaft als wesentlich erachten. Juristische und moralische Fragen sind keinesfalls dasselbe, doch in gewisser Weise verwandt, weil beide Urteilskraft voraussetzen. Kein Gerichtsreporter, der weiß, was er tut, kann sich aus diesen Fragen heraushalten. Wie können wir, unabhängig von der Kenntnis des Gesetzes, Recht von Unrecht unterscheiden? Und wie können wir urteilen, ohne in derselben Situation gewesen zu sein?

Nun ist es an der Zeit für meine zweite persönliche Bemerkung. Wenn die Erregung, die dadurch ausgelöst wurde, dass ich »zu Gericht saß«, meines Erachtens wirklich bewiesen hat, wie unbequem es für die meisten von uns ist, sich überhaupt moralischen Fragen zu stellen, dann möchte ich sagen, dass es mir nicht viel anders geht. Meine frühere intellektuelle Bildung geschah in einer Atmosphäre, in der niemand moralischen Fragen besondere Aufmerksamkeit widmete; wir wurden unter der Annahme erzogen: *Das Moralische versteht sich von selbst.* Ich erinnere mich noch gut, was ich als Jugendliche über moralische Rechtschaffenheit dachte, die man für gewöhnlich Charakter nennt; diese Tugenden eigens hervorzukehren wäre mir philisterhaft vorgekommen, weil sie sich eben, wie wir dachten, von selbst verstanden und deshalb keine große Bedeutung besaßen – es handelte sich um keine entscheidende Eigenschaft, die etwa bei der Beurteilung einer bestimmten Person eine Rolle spielte. Sicherlich stießen auch wir dann und wann auf moralische Schwäche, auf Mangel an Standfestigkeit oder Loyalität und auf die Bereitschaft, nahezu automatisch unter Druck nachzugeben, vor allem dann, wenn dieser von der öffentlichen Meinung ausgeht – ein Phänomen übrigens, das ganz typisch ist für die gebildeten Schichten bestimmter Gesellschaften –, doch wir besaßen keine Vorstellung davon, wie ernst solche Dinge waren, und schon gar nicht, wohin sie führen könnten. Wir wussten wenig über das Wesen dieser Erscheinungen und ich fürchte, sie kümmerten uns nicht. Nun, wir sollten reichlich Gelegenheit zum Lernen erhalten. Für meine Generation und Menschen meiner Herkunft begann die Lektion 1933, und sie war zu Ende, als nicht nur deutsche Juden, sondern die ganze Welt über die Gräuel Bescheid wusste, die am Anfang keiner für möglich gehalten hätte. Was wir seither gelernt haben, und das ist keinesfalls unwichtig, kann man als Erweiterung und Ergänzung jenes Wissens ansehen, das wir uns in jenen zwölf Jahren angeeignet haben.

Viele von uns haben die letzten zwanzig Jahre gebraucht, um mit dem, was geschehen war, irgendwie zurande zu kommen, nicht mit den Ereignissen von 1933, sondern mit denen von 1941, 1942 und 1943 und bis zum bitteren Ende. Und damit meine ich nicht persönliche Trauer und persönlichen Kummer, sondern den Schrecken selbst, mit welchem, wie wir heute sehen, keine der betroffenen Parteien sich bislang hat aussöhnen können. Die Deutschen haben für diesen ganzen Komplex den höchst fragwürdigen Begriff der »unbewältigten Vergangenheit« geprägt; doch es scheint so, als wäre auch nach so vielen Jahren diese deutsche Vergangenheit für einen Großteil der zivilisierten Welt immer noch nicht zu bewältigen. Damals, so kam es nicht nur mir, sondern auch vielen anderen vor, schien das bloße Grauen in seiner nackten Monstrosität alle Kategorien zu sprengen und alle Maßstäbe der Rechtsprechung hinwegzufegen; hier war etwas, was Menschen weder angemessen bestrafen noch vergeben konnten. Und in diesem sprachlosen Entsetzen, fürchte ich, vergaßen wir all die moralischen Lehren aus früheren Zeiten, doch wir sollten sie heute wieder auffrischen, sowohl im Gerichtssaal wie außerhalb.

Um den Unterschied zwischen dem sprachlosen Entsetzen, in welchem man nichts lernt, und der keineswegs grauenhaften, doch oft sehr widerwärtigen Erfahrung zu erklären, bei der es um das Verhalten von Menschen geht, das mit normalen Maßstäben gemessen werden kann, möchte ich zuerst eine Tatsache erwähnen, die ganz offenkundig ist, die aber nur selten Erwähnung findet. In unserer frühen untheoretischen Moralerziehung war das Verhalten echter Übeltäter, von denen jeder normale Mensch ohnehin nur das Schlimmste erwartete, nicht vorgesehen. Von daher waren wir angesichts des bestialischen Verhaltens der SS in den Konzentrationslagern und Folterkellern der Geheimpolizei zwar entrüstet, aber nicht in unserer Moralauffassung erschüttert, und es wäre wirklich sehr merkwürdig gewesen, sich moralisch über die Reden der Nazigrößen zu empören, wo doch deren Ansichten seit Jahren allgemein bekannt gewesen waren. Problematisch war das neue Regime damals lediglich wegen der Komplexität der Vereinnahmung, darunter das Eindringen der Kriminalität in den Bereich des Öffentlichen. Ich glaube, wir waren sogar auf die Folgen eines rücksichtslosen Terrors vorbereitet und hätten jederzeit zugestimmt, dass diese Art von Angst aus den meisten Menschen Feiglinge macht. Dies alles war also schrecklich und gefährlich, warf aber keine moralischen Probleme auf. Die Frage der Moral tauchte erst mit dem Phänomen der Gleichschaltung auf, weniger aus einer sich aus Angst speisenden Heuchelei, sondern mehr aus diesem sehr früh an den Tag gelegte Eifer, nur ja nicht den Zug der Geschichte zu verpassen, und mit diesem sich manchmal über Nacht vollziehenden Gesinnungswandel, der die große Mehrheit der öffentlichen Personen quer durch alle Schichten und Berufe erfasste, während lebenslange Freundschaften mit unglaublicher Leichtigkeit aufgekündigt und abgebrochen wurden. Kurz gesagt, was uns verstörte, war nicht das Verhalten unserer Feinde, sondern das Verhalten unserer Freunde, auch wenn sie für das, was geschehen war, eigentlich nichts konnten; sie waren nicht verantwortlich für die Nazis, sondern nur von deren Erfolg beeindruckt, und sie waren unfähig, ihr eigenes Urteil gegen den, wie sie es sahen, Urteilsspruch der Geschichte zu setzen. Ohne diesen fast vollständigen Zusammenbruch, weniger der persönlichen Verantwortung als vielmehr des persönlichen Urteilsvermögens in den Anfangszeiten des Nationalsozialismus, kann man unmöglich verstehen, was tatsächlich später geschehen ist. Es stimmt, dass viele von ihnen sehr rasch ernüchtert waren, und es ist auch allgemein bekannt, dass die meisten Männer des 20. Juli 1944, die ihre Verschwörung gegen Hitler mit ihrem Leben bezahlten, alle zu irgendeinem Zeitpunkt mit dem System verbunden gewesen waren. Ich bin immer noch der Ansicht, dass diese frühe moralische Desintegration der deutschen Gesellschaft, die für einen Außenstehenden kaum erkennbar war, eine Art Generalprobe für den völligen Zusammenbruch darstellte, der diese Gesellschaft dann während der Kriegsjahre einholte.

Ich erzähle Ihnen solche persönlichen Einzelheiten nicht, um mir den Vorwurf der Überheblichkeit einzuhandeln, der an der Sache vorbeiginge, sondern wegen des in meinem Fall eher berechtigten Zweifels, ob Menschen, die, wie ich, über eine so geringe begriffliche Vorbereitung auf moralische Fragen verfügen, überhaupt dazu in der Lage sind, sich mit diesen Fragen auseinanderzusetzen. Wir mussten alles von Grund auf neu lernen, wir befanden uns gewissermaßen im Naturzustand, das heißt, uns standen keine Kategorien und allgemeinen Regeln zu Verfügung, in die wir unsere Erfahrungen hätten einordnen können. Wenn man jedoch einen Blick auf die andere Seite wirft, so findet man dort lauter Leute, die in Fragen der Moral zwar voll ausgebildet waren und darauf auch allergrößten Wert gelegt hatten, dennoch erwiesen sie sich nicht nur als unfähig, irgendetwas zu lernen, sondern schlimmer noch: Sie gaben Versuchungen am allerleichtesten nach; sie bewiesen durch ihre Anwendung traditioneller Begriffe und Maßstäbe (während genauso wie nach der Tat) auf höchst überzeugende Weise, wie unangemessen diese Wertmaßstäbe geworden waren, wie wenig sie eigentlich (worauf ich noch zurückkommen werde) zur Anwendung entwickelt und gemeint gewesen waren in Situationen, wie sie dann wirklich eintraten. Je mehr man sich mit diesen Dingen auseinandersetzt, desto klarer wird meiner Ansicht nach, dass wir uns hier wirklich in einer Art Zwickmühle befinden.

An dieser Stelle möchte ich Ihnen ein Beispiel für unsere vertrackte Lage geben: Es geht um die Frage der rechtmäßigen Bestrafung. Die Bestrafung eines Verbrechens wird gewöhnlich mit einem der folgenden Argumente gerechtfertigt: mit dem Bedürfnis der Gesellschaft, sich gegen Verbrechen zu schützen, mit der Besserung des Verbrechers, mit dem warnenden Beispiel, das potenzielle Verbrecher abschrecken soll, und schließlich mit dem Gedanken der ausgleichenden Gerechtigkeit. Wenn Sie einen Augenblick nachdenken, werden Sie zu der Einsicht gelangen, dass keiner dieser Gründe zutrifft, wenn es um die Bestrafung von Kriegsverbrechern geht: Diese Leute waren keine gewöhnlichen Verbrecher, und keiner von ihnen dürfte in naher Zukunft weitere Verbrechen begehen; die Gesellschaft muss sich folglich nicht vor ihnen schützen. Dass sie durch Gefängnisstrafen gebessert werden können, ist noch weniger wahrscheinlich als im Fall von gewöhnlichen Kriminellen; und was die Möglichkeit betrifft, derartige Verbrecher in Zukunft abzuschrecken, so gibt es auch hier kaum den Hauch einer Chance, wenn man die außergewöhnlichen Umstände bedenkt, unter denen diese

Verbrechen begangen wurden oder künftig begangen werden könnten. Selbst der Begriff der Vergeltung, das einzige nicht auf einen Nutzen gerichtete Argument für eine rechtmäßige Bestrafung, das deshalb auch nicht im Einklang mit gegenwärtigem Rechtsdenken steht, lässt sich, wenn man das Ausmaß des Verbrechens bedenkt, kaum anwenden. Doch auch wenn keiner der Strafgründe, auf die wir uns gewöhnlich berufen, hier gilt – unser Gerechtigkeitssinn fände es unerträglich, auf eine Bestrafung zu verzichten und jene, die Tausende und Hunderttausende und Millionen umgebracht haben, ungeschoren davonkommen zu lassen. Wenn es sich hierbei nur um das Verlangen nach Rache handelte, so wäre dies unerheblich, ganz abgesehen davon, dass Gesetz und Strafe schließlich geschaffen wurden, um den endlosen Teufelskreis der Rache zu durchbrechen. Da stehen wir nun, richten und verlangen eine Strafe, die mit unserem Gerechtigkeitssinn übereinstimmt, während andererseits uns ebendieser Gerechtigkeitssinn mitteilt, dass alle unsere früheren Vorstellungen über die Strafe sowie die Gründe, mit der wir sie gerechtfertigt haben, zusammengebrochen sind.

Um zu meinen persönlichen Überlegungen zurückzukehren: Wer wäre also geeignet, solche Fragen zu erörtern? Jene, die feste Werte und Normen besitzen, welche jedoch nicht zur Erfahrung passen, oder jene, die auf nichts als die eigene Erfahrung zurückgreifen, die im Übrigen mit keinen überkommenen Vorstellungen zu fassen ist? Wie kann man denken, und wie kann man, was in unserem Zusammenhang noch viel wichtiger ist, urteilen, wenn einem keine vorgegebenen Normen und allgemeinen Maßstäbe zur Verfügung stehen, denen man die Einzelfälle und Erlebnisse unterordnen kann? Oder anders gesagt: Was geschieht mit der menschlichen Urteilskraft, wenn sie auf Ereignisse trifft, die den Zusammenbruch aller gewohnten Werte vorexerzieren, auf Ereignisse also, die gewissermaßen in den allgemeinen Regeln nicht vorgesehen sind – nicht einmal als Ausnahme von diesen Regeln? Um eine gültige Antwort auf diese Fragen zu erhalten, müsste man als Erstes das immer noch sehr geheimnisvolle Wesen der menschlichen Urteilskraft erkunden – deren Möglichkeiten und Grenzen. Denn nur wenn wir voraussetzen, dass der Mensch über eine Fähigkeit verfügt, die es ihm erlaubt, rational zu urteilen, ohne sich dabei von Gefühlen oder Eigeninteressen hinwegtragen zu lassen, über eine Fähigkeit also, die sich gleichwohl spontan äußert, das heißt die nicht an Werte und Regeln gebunden ist, sondern im Gegenteil mittels der Urteilskraft selbst ihre eigenen Prinzipien schafft – allein unter dieser Annahme besteht einige Hoffnung, dass wir festen Halt finden, wenn wir es wagen, uns auf diesen sehr unsicheren moralischen Boden zu begeben.

Zu meinem Glück wiederum verlangt das Thema des heutigen Abends von mir keine Philosophie der Urteilskraft. Doch selbst für eine eingegrenzte Annäherung an das Problem der Moral und ihrer Grundlagen bedarf es der Klärung einer allgemeinen Frage sowie einiger Unterscheidungen, die, so fürchte ich, nicht allgemein akzeptiert sind. Die allgemeine Frage betrifft den ersten Teil des Titels – die persönliche Verantwortung.

Persönliche Verantwortung muss man von politischer Verantwortung unterscheiden. Jede Regierung übernimmt die politische Verantwortung für die Taten und die Untaten ihrer

Vorgängerin, und jede Nation übernimmt die Verantwortung für die Taten und Untaten der Vergangenheit. Als Napoleon nach der Revolution in Frankreich die Macht ergriff und sagte: »Ich werde die Verantwortung für alles, was Frankreich von Ludwig dem Heiligen an bis zum Komitee für öffentliche Sicherheit getan hat, übernehmen« – da hat er nur etwas emphatisch eine der Grundtatsachen allen politischen Lebens festgehalten. Und was die Nation angeht, so ist offenkundig, dass jede Generation, indem sie in ein geschichtliches Kontinuum hineingeboren wird, genauso an den Sünden der Väter trägt, wie sie mit den Taten ihrer Vorfahren gesegnet ist. Wer politische Verantwortung übernimmt, kommt irgendwann an den Punkt, an dem er sich sagt:

Die Zeit ist aus den Fugen – Schmach und Scham
dass ich zur Welt sie einzurichten kam!
Shakespeare, Hamlet I/5, E.G.

Die Zeiten wieder einzurichten bedeutet, die Welt zu erneuern, und dies können wir deshalb tun, weil wir alle irgendwann als Neuankömmlinge in eine Welt gekommen sind, die vor uns da war und nach uns da sein wird, wenn wir gegangen sein und deren Bürde unseren Nachfahren hinterlassen haben werden. Aber nicht mit dieser Form von Verantwortung möchte ich mich hier auseinandersetzen. Genau betrachtet ist es nicht persönlich, sondern metaphorisch gemeint, wenn wir sagen, dass wir uns wegen der Sünden unserer Väter, unseres Volkes oder der Menschheit, kurz, wegen Taten, die wir nicht begangen haben, schuldig fühlen. Moralisch gesehen ist es ebenso falsch, sich schuldig zu fühlen, ohne etwas Bestimmtes getan zu haben, wie sich unschuldig zu fühlen, wenn man tatsächlich etwas begangen hat. Ich habe es immer für den Inbegriff moralischer Verwirrung gehalten, dass sich im Deutschland der Nachkriegszeit diejenigen, die völlig frei von Schuld waren, gegenseitig und aller Welt versicherten, wie schuldig sie sich fühlten, wohingegen nur wenige der wirklichen Verbrecher bereit waren, auch nur die geringste Spur von Reue zu zeigen. Und als wir während der in Deutschland über die Verlängerung der Verjährungsfrist für Naziverbrechen geführten Debatte hörten, wie der Justizminister sich gegen eine solche Verlängerung mit dem Argument wandte, dass man, indem man weiterhin eifrig nach jenen fahnde, die in Deutschland als »die Mörder unter uns« bezeichnet werden, unter all jenen, die keine Mörder sind, also unschuldig sind, eine moralische Selbstgefälligkeit schüre (vgl. *Der Spiegel*, Nr. 5, 1965, S. 23), da sahen wir sofort, wie gefährlich solch moralische Verwirrung werden kann. Neu ist das Argument nicht. Vor einigen Jahren löste der Vollzug der Todesstrafe im Fall Eichmann weithin Widerspruch aus: Durch die Vollstreckung könne das Gewissen der Durchschnittsdeutschen beruhigt werden, es könne gar »als Sühne für die von vielen jungen Menschen in Deutschland empfundene Schuld dienen« (Martin Buber). Nun, wenn junge Menschen in Deutschland, die viel zu jung sind, um überhaupt etwas getan zu haben, sich schuldig fühlen, dann haben sie entweder unrecht, sind verwirrt, oder sie betreiben intellektuelle Spielereien. So etwas wie kollektive Schuld oder kollektive Unschuld gibt es nicht; der Schuldbegriff hat nur Sinn, wo er auf Individuen angewendet wird.

In jüngster Zeit, im Zuge der Auseinandersetzungen über den Eichmann-Prozess, haben sich diese vergleichsweise einfachen Dinge verkompliziert durch das, was ich die Theorie vom Rädchen im Getriebe nenne. Wer ein politisches System beschreibt, wie es funktioniert, welche Beziehungen zwischen den verschiedenen Staatsorganen bestehen und wie die riesigen bürokratischen Apparate arbeiten, der muss notwendigerweise von all den Personen sprechen, die das System als Funktionäre benutzt, also von Rädchen und Schräubchen aller Art, ohne welche keine Verwaltung in Gang gehalten werden kann. Jedes dieser Rädchen, also jede Person muss ersetzbar sein, ohne dass das System geändert wird; dies ist eine Voraussetzung, die allen bürokratischen Systemen, dem ganzen öffentlichen Dienst und eigentlich jeder Verwaltungsmaschine zugrunde liegt. So sieht die politische Wissenschaft diese Dinge, und in ihrem Bezugssystem gedacht bzw. gewertet, spricht man von guten und schlechten Systemen und hat dabei als Kriterien Freiheit oder Glück oder den Grad der politischen Beteiligung der Bürger im Kopf; die Frage nach der persönlichen Verantwortung derer, die das Ganze in Betrieb halten, kommt meist nur am Rande vor. Hier stimmt in der Tat, was die Angeklagten in den Nachkriegsprozessen zu ihrer Entschuldigung vorbrachten: »Wenn ich es nicht getan hätte, dann hätte es eben jemand anderes getan.« Denn in allen Diktaturen, und erst recht in einer totalitären Diktatur, reduziert sich die selbst unter normalen Regierungsformen vergleichsweise geringe Anzahl von Entscheidungsträgern auf die Zahl Eins, wohingegen alle Institutionen und Körperschaften, welche die Aufgabe haben, Exekutiventscheidungen zu kontrollieren oder zu ratifizieren, unter diktatorischer Herrschaft abgeschafft worden sind. Im Dritten Reich jedenfalls gab es nur einen Mann, der Entscheidungen fällen konnte, und dies auch tat und von daher politisch voll verantwortlich war – und das war Hitler, der sich deshalb einmal ganz korrekt und ohne jeden Anflug von Größenwahn als den einzigen unersetzlichen Menschen in Deutschland bezeichnete. Jeder andere, von ganz oben bis ganz unten, der irgendetwas mit öffentlichen Angelegenheiten zu tun hatte, war tatsächlich ein Rädchen, ob ihm das bewusst war oder nicht. Bedeutet dies nun, dass niemand anderes persönlich zur Verantwortung gezogen werden konnte?

Als ich nach Jerusalem zum Eichmann-Prozess fuhr, dachte ich, dass der große Vorteil eines Gerichtsverfahrens darin besteht, dass in diesem Rahmen das ganze Gerede vom Rädchen im Getriebe unsinnig ist, weil man im Gericht gezwungen wird, all diese Fragen von einem anderen Blickwinkel aus zu betrachten. Es war natürlich vorauszusehen, dass die Verteidigung in dem Sinne argumentieren würde, Eichmann sei bloß ein kleines Rädchen gewesen; dass der Beschuldigte so dachte, war wahrscheinlich, und in gewissem Maße tat er das dann auch –, während der Versuch der Anklage, aus ihm das größte Rad aller Zeiten – schlimmer und wichtiger als Hitler – zu machen, kurios war, das hatte man nicht erwartet. Die Richter taten, was richtig und angemessen war: Sie verwarfen diese Auffassung ohne Wenn und Aber – und ich nebenbei gesagt auch. Denn in einem Gerichtssaal, so versuchten die Richter es klarzustellen, wird keinem System, nicht der Geschichte, keiner historischen Tendenz, keinem »Ismus«, wie zum Beispiel dem Antisemitismus, sondern einer Person der Prozess gemacht. Und wenn der Angeklagte zufälligerweise ein Funktionär ist, dann wird er genau deshalb angeklagt, weil auch ein Funktionär immer noch ein menschliches Wesen ist, und allein in dieser Eigenschaft steht er vor Gericht. Offensichtlich werden in den meisten kriminellen Organisationen die großen Verbrechen von kleinen Rädchen begangen, und man könnte sogar sagen, dass eines der Merkmale des organisierten Verbrechens im Dritten Reich darin bestand, dass es von allen seinen Dienern – und nicht nur von den unteren Rängen – einen handfesten Beweis ihrer verbrecherischen Mittäterschaft verlangte. Folglich lautet die Frage des Gerichts an den Angeklagten: »Haben Sie, Herr oder Frau So und So, als ein Individuum mit Namen, Geburtsdatum und Geburtsort, also identifizierbar und nicht austauschbar, das Verbrechen, dessen Sie angeklagt sind, begangen, und wenn ja, warum?« Wenn der Angeklagte antwortet: »Das war nicht ich, meine Person, die das getan hat, ich hatte weder den Willen noch die Kraft, irgendetwas aus eigener Initiative heraus zu tun, ich war lediglich ein Rädchen im Getriebe und austauschbar, jeder andere an meiner Stelle hätte das Gleiche gemacht; dass ich es bin, der jetzt hier vor Gericht steht, ist ein Zufall«, wird das Gericht diese Auskunft als unerheblich abtun. Wenn man dem Angeklagten erlaubte, sich als Vertreter eines Systems schuldig oder nicht schuldig zu bekennen, würde aus ihm in der Tat ein Sündenbock. (Eichmann selbst wünschte, ein Sündenbock zu werden – er schlug vor, sich öffentlich zu erhängen und alle »Sünden« auf sich zu nehmen. Das Gericht verweigerte ihm diese letzte Gelegenheit, erhebende Gefühle zur Schau zu stellen.)

In jedem bürokratischen System gehört das Abwälzen von Verantwortung zur täglichen Routine, und wenn man Bürokratie aus der Sicht der politischen Wissenschaft als eine Herrschaftsform definieren möchte, dann handelt es sich dabei um die Herrschaft der Büros, im Gegensatz zur Herrschaft eines Einzigen oder einiger weniger oder vieler; Bürokratie ist die Herrschaft der Niemande und aus ebendiesem Grund vielleicht die am wenigsten menschliche und grausamste Herrschaftsform. Doch im Gerichtssaal helfen solche Definitionen nicht weiter. Denn auf die Antwort: »Nicht ich, sondern das System, in dem ich ein Rädchen war, hat es getan«, wird sofort die nächste Frage gestellt: »Und warum, bitte sehr, wurden Sie ein Rädchen oder blieben Sie es unter derartigen Umständen?« Wenn der Angeklagte die Verantwortung auf andere abwälzen möchte, dann muss er andere Personen mit hineinziehen und deren Namen nennen, und diese Personen erscheinen dann vor Gericht nicht als Verkörperungen einer bürokratischen oder sonstigen Notwendigkeit, sondern als mögliche Mitangeklagte. Der Eichmann-Prozess wäre wie alle diese Prozesse völlig uninteressant gewesen, wenn er nicht das Rädchen oder den Sachbearbeiter des Referats IV B4 im Reichssicherheitshauptamt in einen Menschen verwandelt hätte. Nur weil dieser Schritt mit Prozessbeginn bereits vollzogen war, konnte die Frage der persönlichen Verantwortung und deshalb auch die der juristischen Schuld überhaupt entstehen. Und selbst diese Rückverwandlung eines Rädchens in einen Menschen bedeutete nicht, dass vor Gericht das bloße Funktionieren Gegenstand war, dass also die Tatsache, dass Systeme Menschen in Zahnräder verwandeln – und totalitäre Systeme tun dies noch mehr als andere –, in der Verhandlung zum Thema wurde. Diese Interpretation wäre nur ein weiterer Versuch, sich dem begrenzten Konstrukt eines Gerichtsverfahrens zu entziehen.

Auch wenn die Verfahrensvorschriften bei Gericht oder die Frage nach der persönlichen Verantwortung in der Diktatur es nicht zulassen können, dass die Verantwortung vom Menschen auf das System abgewälzt wird, kann man doch das System nicht völlig außer Acht lassen. Es zählt, juristisch wie moralisch betrachtet, zu den Umständen, unter denen eine Tat begangen wird – nämlich ungefähr so, wie man die Verhältnisse von sozial Benachteiligten im Falle von Armutskriminalität als mildernde Umstände in Rechnung stellt, ohne die Taten als solche zu entschuldigen.

Dies bringt mich nun zum zweiten Teil meines Titels – zur Diktatur. Hier muss ich Sie zunächst mit einigen Unterscheidungen belästigen, die uns dabei helfen sollen, die angesprochenen Umstände zu verstehen. Totalitäre Herrschaftsformen und gewöhnliche diktatorische Herrschaftsformen sind nicht dasselbe, und das meiste, was ich hier zu sagen habe, bezieht sich nur auf totalitäre Herrschaft. Diktatur in der alten römischen Bedeutung des Wortes bezeichnete immer eine Notstandsmaßnahme verfassungsmäßiger und gesetzesförmiger Herrschaft, sie war zeitlich und machtmäßig immer strikt begrenzt; wir erkennen sie wieder, wenn in Katastrophengebieten oder zu Kriegszeiten der Ausnahmezustand oder das Kriegsrecht verkündet wird. Wir kennen außerdem moderne Diktaturen als neue Herrschaftsformen, in denen entweder das Militär die Macht übernimmt, die zivile Regierung abschafft und die Bürger ihrer zivilen und politischen Freiheiten beraubt, oder sich eine Partei des Staatsapparates auf Kosten aller anderen Parteien bemächtigt und es daher auch keinerlei organisierte politische Opposition mehr gibt. Beide Herrschaftstypen bedeuten das Ende der politischen Freiheit, doch das Privatleben und unpolitische Betätigungen werden nicht notwendigerweise davon berührt. Es stimmt, dass diese Regime politische Gegner gewöhnlich mit großer Rücksichtslosigkeit verfolgen, und sie sind meilenweit davon entfernt, als verfassungsmäßige Herrschaft in unserem Sinne zu gelten – verfassungsmäßige Herrschaft ist ohne die Verankerung des Rechts auf Opposition nicht denkbar –, doch diese Systeme sind nicht kriminell im eigentlichen Sinn; und wenn sie Verbrechen begehen, dann sind es solche gegen erklärte Gegner des herrschenden Regimes. Doch die Verbrechen totalitärer Herrschaft richteten sich gegen Menschen, die selbst vom Standpunkt der herrschenden Partei aus gesehen »unschuldig« waren. Mit genau der Begründung, es handle sich um ganz gewöhnliche Verbrechen, haben die meisten Länder nach dem Krieg eine Vereinbarung unterzeichnet, derzufolge Verbrecher, die aus Nazideutschland geflohen waren, nicht den Status eines politischen Flüchtlings erhielten.

Zudem erstreckt sich totale Herrschaft auf alle Bereiche des Lebens, nicht nur auf den politischen. Die totalitäre Gesellschaft ist im Unterschied zur totalitären Herrschaft tatsächlich monolithisch; alle öffentlichen Äußerungen kultureller, künstlerischer oder wissenschaftlicher Art, alle Organisationen wie Wohlfahrt, Sport und Unterhaltung sind »gleichgeschaltet«. In allen Büros und in der Tat in allen Jobs, die irgendwie von öffentlichem Belang sind – von Werbeagenturen bis zum Gerichtswesen, vom Schauspieler bis zum Sportjournalisten, von der Grund- und Hauptschule bis zu den Universitäten und Gelehrtengesellschaften –, wird verlangt, dass man die herrschenden Prinzipien vorbehaltlos akzeptiert. Jeder, der überhaupt am öffentlichen Leben teilnimmt, unabhängig davon, ob er Parteimitglied ist oder den Eliteformationen des Regimes angehört, ist auf die eine oder andere Weise in die Taten des Regimes als Ganzes verstrickt.

Was die Gerichte in all diesen Nachkriegsprozessen verlangten, ist, dass sich die Angeklagten nicht an den von ihren Regierungen als legal ausgegebenen Verbrechen hätten beteiligen dürfen; und macht man diese Nichtteilnahme zum juristischen Maßstab für Recht und Unrecht, dann wirft dies beträchtliche Probleme auf, gerade in Hinblick auf die Frage der Verantwortung. Denn in Wahrheit war es so, dass nur diejenigen, die sich völlig vom öffentlichen Leben zurückzogen und jede Art von politischer Verantwortung ablehnten, es vermeiden konnten, in politische Verbrechen verwickelt zu werden – das heißt, sie konnten juristischer und moralischer Verantwortung aus dem Weg gehen.

Seit der Niederlage Nazideutschlands wird eine hitzige Debatte über moralische Fragen geführt. Und bei der Enthüllung der beispiellosen Mittäterschaft aller Schichten der offiziellen Gesellschaft an den Verbrechen, das heißt bei der Aufdeckung des vollständigen Zusammenbruchs der gängigen moralischen Maßstäbe, wurde das nachfolgende Argument in endlosen Variationen vorgebracht: »Wir, die wir heute schuldig erscheinen, haben in Wahrheit nur durchgehalten, um Schlimmeres zu verhindern; nur wer dabeigeblieben ist, hatte die Möglichkeit, mäßigend einzuwirken und zumindest einigen Menschen zu helfen; wir zollten dem Teufel Tribut, ohne ihm jedoch unsere Seele zu verkaufen, während jene, die nichts taten, sich vor jeder Verantwortung drückten und nur an sich und an die Rettung ihres Seelenheils dachten.« Dieses Argument hätte politisch einleuchten können, wenn gleich am Anfang ein Sturz des Hitlerregimes stattgefunden hätte oder zumindest der Versuch dazu unternommen worden wäre. Denn ein totalitäres Regime kann nur von innen gestürzt werden – nicht durch eine Revolution, sondern durch einen Staatsstreich –, es sei denn, es wird in einem Krieg besiegt. (Man kann annehmen, dass irgendetwas dieser Art in der Sowjetunion entweder kurz oder unmittelbar nach Stalins Tod geschehen ist; der Wendepunkt, an dem ein ausgesprochen totalitäres System in eine Einparteiendiktatur oder eine Tyrannei übergegangen ist, kam wahrscheinlich mit der Liquidation Berias, dem Chef der Geheimpolizei.) Aber die Leute, die solche Argumente im Mund führen, waren überhaupt keine Verschwörer, nicht einmal in Gedanken. Bei ihnen handelt es sich in der Regel um jene Beamten, ohne deren Fachkenntnisse weder das Hitlerregime noch die Adenauerregierung hätten fortbestehen können. Hitler hatte sie von der Weimarer Republik geerbt, die sie ihrerseits ohne große Schwierigkeit vom kaiserlichen Deutschland übernommen hatte, genauso wie Adenauer sie von Hitlerdeutschland übernahm.

Im Unterschied zur juristischen Verantwortlichkeit stellt sich die Frage der persönlichen Verantwortung, lassen Sie mich das in Erinnerung rufen, nur für jene, die keine überzeugten Anhänger des Regimes waren; dass andererseits die Überzeugungstäter sich nicht schuldig, sondern nur besiegt fühlen würden, war klar – es sei denn, sie änderten ihre Auffassung und bereuten. Aber selbst dieser einfache Sachverhalt ist völlig durcheinandergeraten, denn als schließlich der Tag der Abrechnung kam, stellte sich heraus, dass es gar keine überzeugten Anhänger gegeben hatte, zumindest was das verbrecherische Programm anbelangt, dessentwegen sie nun vor Gericht standen. Und das Ärgerliche daran ist, dass es sich, auch wenn es gelogen war, doch nicht einfach um eine glatte Lüge handelte. Denn so, wie es den politisch neutralen Menschen, die zwar keine Nazis waren, aber die mit ihnen zusammenarbeiteten, im Anfangsstadium gegangen war, so ging es den Parteimitgliedern und selbst den Eliteformationen der SS in der Endphase. Es gab im Dritten Reich nur wenige Menschen, die die späteren Verbrechen des Regimes aus vollem Herzen bejahten, dafür aber eine große Zahl, die absolut bereit waren, sie dennoch auszuführen. Und nun behauptet jeder Einzelne, egal welchen Posten er hatte und was er tat, dass diejenigen, die sich unter irgendeinem Vorwand ins Privatleben zurückgezogen hatten, sich damit auf billige Weise vor der Verantwortung gedrückt hätten. Es sei denn, sie hätten ihre private Stellung als Deckung für eine aktive Opposition genutzt – eine Alternative, die man getrost vernachlässigen kann, denn offenkundig ist es nicht jedermanns Sache, ein Heiliger oder ein Held zu sein. Doch persönliche oder moralische Verantwortung ist jedermanns Sache, und da war es, wie gesagt wurde, »verantwortlicher«, in seinem Job auszuharren, egal unter welchen Bedingungen oder mit welchen Konsequenzen.

Bei ihrer moralischen Rechtfertigung hat das Argument des kleineren Übels eine nicht unwesentliche Rolle gespielt. Wenn man mit zwei Übeln konfrontiert werde, so lautet das Argument, dann sei man verpflichtet, das kleinere von beiden zu wählen, wohingegen es unverantwortlich sei, rundweg jede Wahl abzulehnen. Wer den moralischen Trugschluss dieses Arguments anprangert, wird gewöhnlich eines keimfreien Moralismus bezichtigt, der im politischen Geschäft nichts zu suchen habe; jeder müsse bereit sein, sich auch mal die Hände schmutzig zu machen. Und es stimmt, dass (mit Ausnahme von Kant, dem aus ebendiesem Grunde moralischer Rigorismus vorgeworfen wurde) gerade nicht politische oder moralphilosophische Überlegungen, sondern religiöse Ansätze jeden Kompromiss mit dem »kleineren Übel« auf unzweideutige Weise zurückwiesen. So steht, wie mir neulich bei einer Diskussion dieser Fragen gesagt wurde, etwa im Talmud: »Wenn man von Euch verlangte, für die Sicherheit der Gemeinschaft einen Mann zu opfern, so liefert ihn nicht aus. Wenn man von Euch verlangte, eine Frau auszuliefern, die zur Rettung aller anderen Frauen geschändet werden soll, dann lasst nicht zu, dass sie geschändet wird.« Und in derselben Art, die zudem noch deutlich an die Politik des Vatikans im letzten Krieg erinnerte, schrieb Papst Johannes XXIII. unter dem Stichwort »Praxis und Klugheit« über das Verhalten von Papst und Bischof: »Sie müssen sich davor in Acht nehmen ... sich in irgendeiner Weise mit dem Bösen in der Hoffnung einzulassen, dass dadurch irgendjemandem geholfen werden könne.« Politisch betrachtet bestand die Schwäche des hier zur Diskussion stehenden Arguments schon immer darin, dass diejenigen, die das kleinere Übel wählen, rasch vergessen, dass sie sich für ein Übel entscheiden. Da das Übel des Dritten Reiches schließlich so ungeheuerlich wurde, dass man es beim besten Willen nicht mehr als »kleineres Übel« bezeichnen konnte, hätte man annehmen können, dass diese Argumentation nun ein für alle Mal zusammengebrochen wäre, was erstaunlicherweise nicht der Fall ist.

Überdies stellt man bei der Betrachtung totalitärer Herrschaftsformen fest, dass das Argument des kleineren Übels

be overthrown only from within -- not through a revolution, but through a coup d'etat -- unless, of course, it is defeated in war. [(We may perhaps assume that something of this sort occurred in Soviet Russia either before or immediately after Stalin's death; the turning point from an outright totalitarian system to a one-party-dictatorship or tyranny probably came with the liquidation of Beria, the head of the secret police.)]

But the people who speak in this manner were by no means the conspirators -- successful or not. They are as a rule those civil servants without whose expert knowledge neither the Hitler regime nor the Adenauer administration would have been able to survive. Hitler had inherited them from the Weimarian Republic, which had inherited them from Imperial Germany, without much difficulty, just as Adenauer was to inherit them from Hitler-Germany.

I must here remind you that the issue of personal or moral responsibility hardly arises with those who were not convinced adherents of the regime, [that they would not feel guilty but only defeated was almost a matter of course -- unless they changed their minds and repented.] And yet, even this simple issue has become confused because, when the day of reckoning finally came, it turned out that there had been no convinced adherents, at least not of the criminal program for which they stood trial. And the trouble is that, though this was a lie, it was not a simple or total lie. For what had started in the initial stages with politically neutral people who were no Nazis but cooperated with them, happened in the last stages with the party members and even the elite formations of the SS: there were very few people even in the Third Reich who wholeheartedly

nicht etwa nur von jenen ins Feld geführt wird, die nicht zur herrschenden Elite gehören, sondern längst zum integralen Bestandteil der Terror- und Verbrechensmaschinerie gemacht wurde. Die Hinnahme kleinerer Übel wird bewusst dafür benutzt, die Beamten wie auch die Bevölkerung im Allgemeinen daran zu gewöhnen, das Übel an sich zu akzeptieren. Um nur eines von vielen Beispielen zu geben: Der Vernichtung der Juden ging eine schrittweise Folge antijüdischer Maßnahmen voraus, welche jeweils gebilligt wurde mit dem Argument, dass die Weigerung, daran mitzuwirken, nur alles verschlimmert hätte – bis eine Stufe erreicht war, dass Schlimmeres überhaupt nicht mehr passieren konnte. Die Tatsache, dass in diesem letzten Stadium das Argument des kleineren Übels nicht über Bord geworfen wurde und dass es selbst heute noch fortlebt, nachdem dessen Irrtum so klar auf der Hand liegt, ist erstaunlich genug (auch in der Diskussion über Hochhuths Theaterstück war zu hören, dass ein wie auch immer gearteter Protest vonseiten des Vatikans alles nur noch schlimmer gemacht hätte). Wir sehen daran, wie sich der menschliche Verstand dagegen sperrt, den Tatsachen, die seinem Bezugssystem auf die eine oder andere Weise völlig widersprechen, ins Auge zu sehen. Leider scheint es viel einfacher zu sein, menschliches Verhalten zu konditionieren und Menschen dazu zu bringen, sich auf eine völlig unvorhergesehene und entsetzliche Weise zu verhalten, als irgendjemanden davon zu überzeugen, aus der Erfahrung zu lernen, das heißt mit Denken und Urteilen zu beginnen, anstatt Kategorien und Formeln anzuwenden, die zwar tief in unserem Denken verankert sind, deren Erfahrungsgrundlage aber längst vergessen ist und deren Plausibilität eher auf ihrer logischen Stimmigkeit beruht als darauf, dass sie tatsächlichen Ereignissen angemessen sind.

Um diese Schwierigkeiten der Urteilsbildung zu erläutern, die auftauchen, wenn man nicht mehr auf allgemein anerkannte Regeln zurückgreifen kann, will ich von den moralischen zu den rechtlichen Maßstäben übergehen, weil diese im allgemeinen klarer festgelegt sind. In den Kriegsverbrecherprozessen und in der Diskussion über persönliche Verantwortung griffen die Angeklagten und deren Anwälte entweder auf das Argument zurück, dass diese Verbrechen »Hoheitsakte« gewesen oder auf »höheren Befehl« begangen worden seien. Diese beiden Kategorien darf man nicht durcheinanderbringen. Im Rahmen der Rechtsprechung sind höhere Befehle rechtens, selbst wenn sich der Angeklagte dann in der klassischen Zwickmühle des Soldaten wiederfinden sollte, »entweder von einem Kriegsgericht erschossen zu werden, wenn er einem Befehl nicht gehorcht, oder später von Geschworenen und einem Richter zum Tod durch den Strang verurteilt zu werden, wenn er diesen Befehl befolgt« (wie es Dicey in seinem *Law of the Constitution* ausgedrückt hat). Hoheitsakte hingegen sind Staatshandlungen, die im völlig rechtsfreien Raum stattfinden. Dabei handelt es sich, so die Annahme, um souveräne Handlungen, über die kein Gericht Recht sprechen kann. Die Theorie, die hinter dem Begriff der Hoheitsakte steht, besagt, dass souveräne Regierungen unter außergewöhnlichen Umständen gezwungen sein könnten, zu verbrecherischen Mitteln zu greifen, weil ihre Existenz oder die Aufrechterhaltung ihrer Macht infrage stehe; die Staatsräson, so lautet das Argument, kann nicht durch gesetzliche Beschränkungen oder durch moralische Erwägungen eingeengt werden, diese gelten für den einzelnen Bürger, der innerhalb der Staatsgrenzen lebt, nicht für den Staat, wenn dieser als Ganzes in Gefahr ist und somit die Existenz der Gesamtheit seiner Elemente gefährdet ist. Der Hoheitsakt wird in dieser Theorie stillschweigend mit dem »Verbrechen« verglichen, zu dem ein Individuum aus Gründen der Selbstverteidigung gezwungen wird, das heißt mit einer Tat, die aufgrund außergewöhnlicher Umstände, in denen das nackte Überleben bedroht ist, straffrei bleibt. Dieses Argument ist nicht nur deshalb auf die von totalitären Regierungen und ihren Handlangern begangenen Verbrechen nicht anwendbar, weil diese in keiner Weise durch irgendeine Zwangslage hervorgerufen wurden, denn es spricht im Gegenteil sehr viel zum Beispiel dafür, dass die Naziregierung in der Lage gewesen wäre, zu überleben und vielleicht sogar den Krieg zu gewinnen, wenn sie diese Verbrechen nicht begangen hätte. Theoretisch gesehen kann es sogar von noch größerer Bedeutung sein, dass das Argument der Staatsräson (welches der ganzen Diskussion über die Hoheitsakte zugrunde liegt) voraussetzt, dass ein solches Verbrechen im Kontext legaler Verhältnisse begangen wird, die gemeinsam mit der politische Existenz des Landes überhaupt aufrechterhalten werden soll. Das Gesetz, dem Geltung verschafft werden soll, bedarf politischer Macht, von daher spielt ein Element der Machtpolitik bei der Aufrechterhaltung der gesetzlichen Ordnung immer eine Rolle. (Ich spreche hier natürlich nur über Taten, die nicht gegen andere Nationen begangen werden, und ich befasse mich hier nicht mit der Frage, ob der Krieg selbst als »Verbrechen gegen den Frieden« definiert werden kann – um die Sprache der Nürnberger Prozesse zu benutzen.)

Weder die politische Theorie der Staatsräson noch die juristische Auffassung der Hoheitsakte sah die völlige Verkehrung der Rechtsordnung voraus; im Fall des Hitlerregimes diente der gesamte Staatsapparat zur Durchsetzung von Handlungen, die, mit normalen Maßstäben gemessen, gelinde gesagt verbrecherisch waren; es gab kaum eine Handlung des Staates, die nach normalen Maßstäben gerechnet nicht kriminell war. Folglich waren die verbrecherischen Handlungen, die der Machterhaltung dienen sollten, nicht mehr die Ausnahme von der Regel (wie etwa, um andere berühmte Verbrechen zu nennen, der Mord an Matteotti im Italien Mussolinis oder die Ermordung des Grafen d'Enghien durch Napoleon), sondern umgekehrt waren gelegentliche nicht verbrecherische Handlungen, wie beispielsweise der Himmlerbefehl, das Vernichtungsprogramm zu stoppen, Ausnahmen von geltendem »Recht«, Zugeständnisse an die bittere Notwendigkeit. Um für einen Augenblick noch einmal zum Unterschied von totalitären Regierungen und anderen Diktaturen zurückzukehren: Es ist genau die relative Seltenheit expliziter Verbrechen, welche den Unterschied zwischen faschistischen Diktaturen und voll entwickelten totalitären Herrschaftsformen markiert; wobei natürlich stimmt, dass von faschistischen oder Militärdiktaturen mehr Verbrechen begangen werden, als man sich unter einer verfassungsmäßigen Regierung überhaupt vorstellen könnte. Worauf es in unserem Zusammenhang ankommt, ist nur der Umstand, dass diese Verbrechen immer noch klar als Ausnahmen erkennbar sind und dass das Regime sie nicht offen zugibt.

Ähnlich unangemessen ist das Argument des »Handelns auf höheren Befehl« oder das Gegenargument der Richter, dass die Berufung darauf nicht von Verantwortung befreie. Vorausgesetzt wird in beiden Fällen, dass Befehle normalerweise nicht verbrecherisch sind und dass aus ebendiesem Grund von Untergebenen erwartet werden kann, den verbrecherischen Charakter eines Befehls zu erkennen, wie etwa im Fall eines plötzlich verrückt gewordenen Offiziers, der die Erschießung anderer Offiziere anordnet, oder wenn beispielsweise Kriegsgefangene misshandelt oder getötet werden sollen. Juristisch gesehen muss der Befehl, den man verweigert, »offenkundig unrechtmäßig« sein; die Rechtswidrigkeit »muss wie eine schwarze Fahne über dem erteilten Befehl wehen, wie ein Warnzeichen, welches besagt ›Verboten‹«. Mit anderen Worten: Für die betreffende Person, die zu entscheiden hat, ob sie gehorcht oder nicht, muss der Befehl eindeutig als Ausnahme gekennzeichnet sein, und das Problem besteht darin, dass in totalitären Regimes und insbesondere in den letzten Jahren des Hitlerregimes nicht verbrecherische Befehle als Ausnahmen erkennbar waren. Bei Eichmann, der sich entschieden hatte, immer ein gesetzestreuer Bürger des Dritten Reiches zu sein, wehte die »schwarze Fahne offenkundiger Rechtswidrigkeit« über jenen späten Himmlerbefehlen im Herbst 1944, denen zufolge die Deportationen gestoppt und die Todesfabriken demontiert werden sollten.

Die von mir zitierte Formulierung stammt aus dem Urteilstext eines israelischen Militärgerichts; mehr als die meisten Gerichtshöfe der Welt waren sich die Richter der Schwierigkeiten bewusst, was es heißt, angesichts der unverblümt verbrecherischen Rechtsordnung Hitlerdeutschlands überhaupt noch von »Rechtmäßigkeit« zu sprechen. Das Gericht ging bei der Urteilsbegründung deshalb über die übliche Phrase vom »tief in jedem Menschen verwurzelten Rechtsgefühl« hinaus, »das jeder in sich verspürt, auch wenn er mit den Gesetzbüchern nicht vertraut ist«, und sprach von einer »ins Auge springenden und das Herz empörenden Unrechtmäßigkeit, vorausgesetzt, das Auge ist nicht blind und das Herz nicht versteinert und verdorben« – was alles ganz schön ist, aber, so fürchte ich, nichts taugt, wenn es wirklich darauf ankommt. Denn in diesen Fällen waren die Männer, die Unrecht begingen, mit Geist und Buchstaben der Gesetze des Landes, in dem sie lebten, vertraut, und wenn man sie heute zur Verantwortung zieht, dann verlangt man von ihnen, dass ein in ihrem Innersten verankertes »Rechtsgefühl« dieser ihnen doch so vertrauten Rechtsordnung widerspricht. Unter solchen Umständen ist wirklich mehr erforderlich als ein Auge, das nicht blind, und ein Herz, das nicht versteinert und verdorben ist, um die »Unrechtmäßigkeit« von Handlungen genau zu erkennen. Gehandelt wurde schließlich unter Verhältnissen, in denen jede moralische Tat ungesetzlich und jede rechtmäßige Handlung ein Verbrechen war.

So gesehen setzt die reichlich optimistische Auffassung von der menschlichen Natur, die man so deutlich aus dem Urteilsspruch in Jerusalem und in anderen Nachkriegsprozessen heraushört, ein unabhängiges menschliches Vermögen voraus, das weder vom Gesetz noch von der öffentlichen Meinung genährt wird, eine Urteilsfähigkeit, die, wann immer etwas getan oder beabsichtigt wird, sich immer von Neuem in ungetrübter Spontaneität äußert. Vielleicht besitzen wir wirklich eine solche Fähigkeit, und jeder Einzelne von uns handelt jedes Mal, wenn er etwas tut, als Gesetzesgeber; aber dies meinten die Richter nicht. Alles rhetorische Beiwerk beiseitegelassen, meinten sie eigentlich nur, dass uns ein *Gefühl* für derartige Dinge im Verlauf so vieler Jahrhunderte in Fleisch und Blut übergegangen sei und dieses Empfinden nun nicht plötzlich verloren gegangen sein könne. Das ist, glaube ich, zweifelhaft angesichts des vorliegenden Beweismaterials und angesichts der Tatsache, dass jahraus, jahrein ein »unrechtmäßiger« Befehl auf den anderen folgte. Keiner dieser Befehle war planlos ergangen, um unzusammenhängende Verbrechen zu verüben, sondern sie dienten, mit äußerster Konsequenz und Sorgfalt ausgeführt, dem Aufbau der sogenannten Neuordnung. Und diese Neuordnung war genau das, was das Wort besagte – sie war nicht nur auf grauenhafte Weise neu, sondern vor allem auch eine *Ordnung*.

Die weitverbreitete Ansicht, wir hätten es hier nur mit einer Verbrecherbande zu tun gehabt, die sich eben zu allen möglichen Verbrechen verabredet hatte, ist grob irreführend. Sicher ist, dass die Zahl der Kriminellen in den Eliteorganisationen der Bewegung schwankte und die Gräueltaten von einer größeren Anzahl von Männern begangen wurden; diese Gräuel hatten jedoch nur am Anfang des Regimes, in den von der SS geleiteten Konzentrationslagern, ein klares politisches Ziel – nämlich Furcht zu verbreiten und unter einer Welle unbeschreiblichen Terrors alle Versuche einer organisierten Opposition zu ersticken. Doch diese Gräueltaten waren nicht typisch; viel wichtiger ist, dass, obwohl vieles zugelassen wurde, derlei Tätlichkeiten eigentlich nicht erlaubt waren. Stehlen war ebenso verboten wie das Annehmen von Bestechungsgeldern. Im Gegenteil, und darauf bestand Eichmann immer wieder, lautete die Anweisung: »Unnötige Härten sind zu vermeiden«, und als man während des Polizeiverhörs zu ihm meinte, dass diese Wörter doch etwas ironisch klängen, wo es um Menschen geht, die in den sicheren Tod geschickt würden, da verstand er nicht einmal, wovon der Vernehmungsoffizier sprach. Eichmanns Gewissen kam in Wallung bei der Vorstellung von Grausamkeit, nicht bei dem Gedanken an Mord.

Ebenso irreführend ist die allgemeine Auffassung, wir hätten es hier mit einem Ausbruch des modernen Nihilismus zu tun, denn das nihilistische *Credo* des 19. Jahrhunderts lautete ja: »Alles ist erlaubt«. Doch die Leichtigkeit, mit der das Gewissen betäubt werden konnte, war zum Teil die direkte Folge des Umstands, dass keineswegs »alles erlaubt« war. Die moralische Dimension dieser Angelegenheit wird indessen niemals dadurch erfasst, dass man die Millionen Opfer zählt und die Angelegenheit einen »Völkermord« nennt; die Ausrottung ganzer Völker hat es schon im Altertum und auch im modernen Kolonialismus gegeben –, sondern erst dann begreift man den Kern der Sache, wenn man erkennt, dass all dies im Rahmen einer gesetzmäßigen Ordnung geschah, und dass der Eckpfeiler dieses »Neuen Rechts« aus dem Gebot bestand »Du sollst töten« – und zwar nicht deinen Feind, sondern unschuldige Menschen, die nicht einmal potenziell eine Gefahr darstellten, und nicht etwa, weil es die Not gebietet, sondern gerade gegen alle militärischen Überlegungen und Nützlichkeitserwägungen. Das Tötungsprogramm sollte weder mit dem letzten Juden auf Erden beendet sein, noch hatte es etwas mit Krieg zu tun, außer dass Hitler glaubte, mit einem Krieg ließen sich die nicht militärischen Tötungsmaßnahmen tarnen; in einem noch größenwahnsinnigeren Umfang sollten diese Maßnahmen in Friedenszeiten fortgesetzt werden. Und diese Taten wurden nicht von Gangstern, Monstern oder rasenden Sadisten begangen, sondern von den angesehensten Mitgliedern der guten Gesellschaft. Schließlich muss man zur Kenntnis nehmen, dass die Massenmorde zwar eng mit einer rassistischen oder antisemitischen, jedenfalls einer demografischen Ideologie verknüpft waren, die Mörder und ihre unmittelbaren Komplizen jedoch in ihrer Mehrheit nicht unbedingt an diese ideologischen Rechtfertigungen glaubten; ihnen genügte, dass alles entsprechend dem »Führerwillen« geschah, der das Gesetz des Landes war, und dass alles mit den »Führerworten« übereinstimmte, die Gesetzeskraft besaßen.

Wenn es überhaupt noch eines Beweises dafür bedurft hätte, in welchem Ausmaß ein ganzes Volk – unabhängig von Parteizugehörigkeit und unmittelbarer Beteiligung – einfach deshalb an die Neuordnung glaubte, weil sie sich eben vollzog, dann wurde dieser Beweis mit der unglaublichen Bemerkung erbracht, die Eichmanns Verteidiger, der selbst nie NSDAP-Mitglied gewesen war, zweimal während des Prozesses in Jerusalem machte: Bei dem, was in Auschwitz und in den anderen Vernichtungslagern geschehen sei, habe es sich um eine »medizinische Angelegenheit« gehandelt. Es war, als ob die Moral sich just im Augenblick ihres Zusammenbruchs innerhalb der alten, hochzivilisierten Welt unverhüllt in der ursprünglichen Bedeutung des Wortes offenbarte, nämlich als Kodex aus *mores,* Sitten und Gebräuchen, dessen vollständiger Austausch genauso wenig Probleme bereiten sollte wie der Wandel in den Tischsitten eines ganzen Volkes.

Ich habe mich etwas länger bei dieser Gesamtsituation aufgehalten, denn eine Auseinandersetzung mit der persönlichen

Verantwortung in einer derartigen Situation wäre ohne eine einigermaßen genaue Kenntnis des Hintergrundes wenig sinnvoll. Ich möchte nun zwei Fragen aufwerfen: Erstens, in welcher Hinsicht unterschieden sich die wenigen, die in ihren jeweiligen Lebensbereichen nicht kollaborierten und es ablehnten, am öffentlichen Leben teilzunehmen, auch wenn sie nicht dagegen aufstanden und nicht rebellieren konnten? Zweitens, wenn wir darin übereinstimmen, dass diejenigen, die dem System auf allen möglichen Ebenen und in allen möglichen Funktionen gedient haben, nicht einfach Monster waren, was hat sie dann dazu gebracht, so zu handeln, und mit welcher moralischen – nicht juristischen – Begründung rechtfertigen sie ihr Verhalten nach dem Zusammenbruch der »Neuordnung« und deren neuer Werteskala? Die Antwort auf die erste Frage ist ziemlich einfach. Diejenigen, die nicht teilnahmen und von der Mehrheit als unverantwortlich bezeichnet wurden, waren die Einzigen, die es wagten, selbst zu urteilen. Zu dieser Urteilsbildung waren sie nicht etwa deshalb in der Lage, weil sie über ein besseres Wertesystem verfügten oder weil die alten Maßstäbe für Recht und Unrecht immer noch fest in ihrem Denken verwurzelt waren. Im Gegenteil, all unsere Erfahrung lehrt uns, dass gerade die Angehörigen der guten Gesellschaft, die vom intellektuellen und moralischen Aufruhr der Zwanzigerjahre überhaupt nicht berührt wurden, die Ersten waren, die dem öffentlichen Druck nachgaben. Sie tauschten einfach ein Wertesystem gegen ein anderes aus. Ich würde also sagen, dass diejenigen, die nicht mitmachten, sich deshalb so verhielten, weil ihr Gewissen nicht in dieser sozusagen automatischen Weise funktionierte – als ob man nur über eine Reihe von erlernten Regeln verfügte, die man dann im jeweiligen Falle anwendet, sodass jede neue Erfahrung oder jede neue Situation bereits im Vorhinein beurteilt ist und man nur das einmal Gelernte anwenden müsse. Ich glaube, dass diejenigen, die nicht teilnahmen, ein anderes Kriterium hatten: Sie stellten sich die Frage, inwiefern sie mit sich selbst zusammenleben könnten, wenn sie bestimmte Taten begingen; und wenn sie es vorzogen, nichts zu tun, dann nicht etwa, weil sich die Welt dadurch zum Besseren veränderte, sondern weil sie nur unter dieser Bedingung mit sich selbst weiterleben konnten. Folglich wählten sie den Tod, wenn sie zum Mitmachen gezwungen wurden. Um es deutlich zu sagen: Nicht weil sie das Gebot »Du sollst nicht töten« streng befolgt hätten, lehnten sie es ab zu morden, sondern eher deshalb, weil sie nicht willens waren, mit einem Mörder zusammenzuleben – mit sich selbst.

Die Voraussetzung für diese Art der Urteilsbildung ist keine hoch entwickelte Intelligenz oder ein äußerst differenziertes Moralverständnis, sondern schlicht die Gewohnheit, ausdrücklich mit sich selbst zusammenzuleben, das heißt sich auf jenes stille Zwiegespräch zwischen mir und mir selber einzulassen, welches wir seit Sokrates und Platon gewöhnlich als Denken bezeichnen. Obwohl sie allem Philosophieren zugrunde liegt, ist diese Art des Denkens nicht technisch und handelt nicht von theoretischen Fragen. Die Trennungslinie zwischen denen, die denken wollen und deshalb für sich selbst urteilen müssen, und denen, die sich kein Urteil bilden, verläuft quer zu allen sozialen Unterschieden, quer zu allen Unterschieden in Kultur und Bildung. In dieser Hinsicht kann uns der totale moralische Zusammenbruch der ehrenwerten Gesellschaft während des Hitlerregimes lehren,

all that matters is the insight that no man however strong can ever accomplish anything good or bad without the help of others who will see the enterprise through. What you have here is the notion of an equality which accounts for a "leader" who is never more than a primus inter pares, the first among his peers. Those who seem to obey him actually support him and his enterprise; without such "obedience" he would be helpless, whereas in the nursery or under conditions of slavery -- the two spheres where the notion of obedience made sense and from which it was then transposed into political matters -- it is the child or the slave who become~~s~~ helpless if they refuse to "cooperate." Even in the strictly bureaucratic organization, with its fixed hierarchical order, it would make much more sense to look upon the functioning of the "cogs" in terms of overall support for a common enterprise than in our usual terms of obedience to ~~law.~~ superiors. If I obey the laws of the land, I actually support its constitution, as becomes glaringly obvious in the case of ~~revolutionists or rebels who disobey because they have withdrawn~~ civil disobedience where this tacit consent is withdrawn. In these terms, the nonparticipators in the public life under a dictatorship are those who have refused to support it, by shunning those places of "responsibility" where such support, under the name of obedience, is required. And we have only to imagine for a moment what would happen to one of these forms of government if enough people would act "irresponsibly" and refuse support,

dass es sich bei denen, auf die unter solchen Umständen Verlass ist, nicht um jene handelt, denen Werte lieb und teuer sind und die an moralischen Normen und Maßstäben festhalten; man weiß jetzt, dass sich all dies über Nacht ändern kann, und was davon übrig bleibt, ist die Gewohnheit, an irgendetwas festzuhalten. Viel verlässlicher werden die Zweifler und Skeptiker sein, nicht etwa weil Skeptizismus gut und Zweifel heilsam ist, sondern weil diese Menschen es gewohnt sind, Dinge zu überprüfen und sich ihre eigene Meinung zu bilden. Am allerbesten werden jene sein, die wenigstens eins genau wissen: dass wir, solange wir leben, dazu verdammt sind, mit uns selbst zusammenzuleben, was immer auch geschehen mag.

Aber was ist mit dem Vorwurf der Verantwortungslosigkeit, der gegen diese wenigen erhoben wurde, die mit dem, was um sie herum passierte, nichts zu tun haben wollten? Ich glaube, wir müssen zugestehen, dass es extreme Situationen gibt, in denen man Verantwortung für die Welt, die primär ein politisches Gebilde ist, nicht übernehmen kann, weil politische Verantwortung immer zumindest ein Minimum an politischer Macht voraussetzt. Ohnmacht und absolute Machtlosigkeit sind, so glaube ich, eine stichhaltige Entschuldigung. Dies stimmt umso mehr, als offenbar eine bestimmte moralische Eigenschaft erforderlich ist, um sich Machtlosigkeit überhaupt einzugestehen, nämlich der gute Wille und die gute Absicht, sich der Realität zu stellen und nicht in Illusionen zu leben. Überdies liegt genau in diesem Eingeständnis der eigenen Ohnmacht begründet, dass man sich sogar in verzweifelter Lage einen Rest von Stärke und selbst noch von Macht erhalten kann.

Dieser letzte Punkt wird vielleicht klarer, wenn wir unsere Aufmerksamkeit nun meiner zweiten Frage zuwenden, nämlich der Frage nach denen, die nicht nur nolens volens mitmachten, sondern es für ihre Pflicht hielten, alles zu tun, was verlangt wurde. In ihrer Rechtfertigung unterschieden sie sich von jenen, die bloß mitmachten, indem sie sich auf das kleinere Übel beriefen oder auf den Zeitgeist, womit sie implizit die menschliche Urteilsfähigkeit leugneten; sie unterschieden sich dabei auch von den erstaunlich wenigen Fällen, bei denen die alles durchdringende Angst, welche totalitäre Herrschaft verbreitet, eine Rolle spielte. Das Argument, das vom Nürnberger Prozess über den Eichmann-Prozess bis zu den Prozessen in Deutschland vorgebracht wurde, war immer dasselbe: Jede Organisation verlangt Gehorsam gegenüber Vorgesetzten wie auch gegenüber den Gesetzen des Landes. Gehorsam ist eine politische Tugend erster Ordnung, ohne sie können kein politisches Gemeinwesen und auch keine andere Organisation überleben. Eine regellose Freiheit des Gewissens existiert nirgends, es würde den Untergang jeder verfassten Gemeinschaft bedeuten. Dies alles klingt so plausibel, dass es schon einiger Anstrengung bedarf, um den darin enthaltenen Fehlschluss aufzudecken. Die Plausibilität gründet auf der Wahrheit, dass »alle Regierungen« wie Madison sagt, selbst die autokratischsten, selbst Tyranneien »auf Zustimmung, auf Konsens« beruhen, und der Trugschluss besteht darin, Zustimmung und Gehorsam gleichzusetzen. Was hier nicht stimmt, ist das Wort »Gehorsam«. Nur ein Kind gehorcht; wenn ein Erwachsener »gehorcht«, dann unterstützt er in Wirklichkeit die Organisation oder die Autorität oder das Gesetz, die »Gehorsam« verlangen. Wenn wir das

Wort »Gehorsam« für all diese Situationen gebrauchen, dann geht dieser Gebrauch auf die uralte politikwissenschaftliche Vorstellung zurück, die uns – seit Platon und Aristoteles – sagt, dass jedes politische Gemeinwesen aus Herrschern und Beherrschten besteht und dass Erstere befehlen und Letztere gehorchen.

Ich kann mich hier nicht damit befassen, warum diese Vorstellungen Eingang in unsere Tradition des politischen Denkens gefunden haben, aber ich möchte doch betonen, dass sie frühere und ich glaube auch genauere Auffassungen von den Beziehungen zwischen den Menschen in der Sphäre des gemeinsamen Handelns ersetzt haben. Diesen früheren Auffassungen zufolge kann jede Handlung, die von einer Mehrzahl von Menschen ausgeführt wird, in zwei Phasen eingeteilt werden: den Anfang, den ein »Führer« macht, und die Ausführung, an der sich viele beteiligen, um etwas, was dann ein gemeinsames Unternehmen wird, mit Erfolg abzuschließen. Worauf es in unserem Zusammenhang ankommt, ist die Einsicht, dass kein Mensch, und sei er noch so stark, ohne die Hilfe anderer irgendetwas, ob gut oder schlecht, ausführen kann. Was wir hier vor uns haben, ist die Vorstellung einer Egalität, bei der auch der »Führer« niemals mehr als nur der erste unter Gleichen ist, also der *primus inter pares*. Diejenigen, die ihm zu gehorchen scheinen, unterstützen in Wirklichkeit ihn und sein Unternehmen; ohne derartigen »Gehorsam« wäre er nachgerade ohnmächtig, wohingegen im Kindergarten oder in der Sklaverei – also in jenen beiden Sphären, wo die Vorstellung von Gehorsam Sinn hatte und von wo sie dann auf die politische Angelegenheiten übertragen wurde – die Kinder bzw. Sklaven hilflos waren, wenn sie die »Mittäterschaft« verweigerten. Selbst in einer strikt bürokratischen Organisation mit festgefügter hierarchischer Ordnung wäre es viel sinnvoller, das Funktionieren der »Rädchen« und der Räder als eine umfassende Unterstützung eines gemeinsamen Unternehmens anzusehen, anstatt – wie meist üblich – von Gehorsam gegenüber Vorgesetzten zu sprechen. Wenn ich den Gesetzen des Landes gehorche, dann unterstütze ich in Wirklichkeit dessen Verfassung, was man unschwer erkennt, wenn, wie im Falle des zivilen Ungehorsams, dieser schweigende Konsens verweigert wird.

So gesehen sind jene, die unter einer diktatorischen Herrschaft nicht am öffentlichen Leben mitwirken, auch diejenigen, die sich weigern, sie zu unterstützen, indem sie jene Orte der »Verantwortung« meiden, wo eine derartige Unterstützung unter Berufung auf Gehorsam gefordert wird. Und wir brauchen uns nur einen Augenblick lang vorzustellen, was mit solch einer Regierung geschehen würde, wenn genügend Leute »unverantwortlich« handelten und die Unterstützung verweigerten, sogar ohne aktiven Widerstand oder Aufruhr, um zu sehen, was für eine wirkungsvolle Waffe ein solches Verhalten sein könnte. Welch eine Kraft steckt etwa in den in diesem Jahrhundert wiederentdeckten gewaltlosen Widerstandsformen wie dem zivilen Ungehorsam? Der Grund also, warum wir diese neuen Verbrecher, die weder Kinder noch Sklaven, sondern erwachsene Menschen waren, dennoch für das, was sie taten, verantwortlich machen, liegt darin, dass es in politischen und moralischen Angelegenheiten so etwas wie Gehorsam nicht gibt. Die einzige Domäne, wo dieses Wort vielleicht Anwendung finden könnte, ist die Religion, der Raum, in welchem die Menschen sagen, dass sie dem Wort oder dem Befehl Gottes gehorchen, weil die Beziehung zwischen Gott und dem Menschen zu Recht so gesehen werden kann wie das Verhältnis zwischen einem Erwachsenen und einem Kind.

Folglich sollten diejenigen, die mitmachten und Befehlen gehorchten, nie gefragt werden: »Warum hast du gehorcht?«, sondern: »Warum hast du Unterstützung geleistet?« Dieser Austausch von Wörtern ist für jene keine belanglose semantische Spielerei, die den merkwürdigen und mächtigen Einfluss bloßer »Wörter« auf das Denken der Menschen kennen, die doch in erster Linie sprechende Wesen sind. Es wäre viel gewonnen, wenn wir das verhängnisvolle Wort »Gehorsam« aus dem Vokabular unseres moralischen und politischen Denkens streichen könnten. Wenn wir diese Fragen durchdenken, könnten wir ein gewisses Maß an Selbstvertrauen und sogar Stolz zurückgewinnen – das, was frühere Zeiten die Würde oder die Ehre, vielleicht nicht der Menschheit, so doch des Menschen, nannten.

AUF DER SUCHE NACH DEN GRUNDLAGEN FÜR EINE NEUE POLITISCHE MORAL

Marie Luise Knott

Schlage die Trommel und fürchte dich nicht,
Und küsse die Marketenderin!
Das ist die ganze Wissenschaft,
Das ist der Bücher tiefster Sinn.

Heinrich Heine

Ob Vortrag oder Essay – wer sich einem Text von Hannah Arendt nähert, ist unmittelbar von der Freiheit ihres Denkens fasziniert, mithin davon, in welchem Ausmaß diese Denkerin, die weder einer theoretischen Schule angehörte noch eine solche suchte oder gar gründete, sich von der Wirklichkeit, genauer: von dem, was sie hörte, las und sah, von Leibniz' »Tatsachenwahrheiten« gewissermaßen, in ihrem Denken erschüttern ließ. Da verschrieb sich eine ihrer Zeit auf der Suche danach, diese zu durchdringen: »der Wahrheit etwas näher« zu kommen, wie sie das einmal nannte. Und heute wie damals überzeugt die Lektüre ihrer Texte gerade dadurch, dass und wie Arendt ihre Zeitgenossen und uns, ihre heutigen Leserinnen und Leser, durch die ihr eigene literarische Sprachkraft animiert, wie sie uns unsererseits aus unseren Gewohnheiten reißt, ins Fragen bringt und zum Selberdenken anstiftet.

1906 in Linden bei Hannover geboren und in Königsberg, noch in der Wirkmacht der Tradition und im Europa der Aufklärung herangewachsen (»Das Moralische versteht sich von selbst«), begegnete sie im Studium bei Martin Heidegger in Marburg dem Aufbruch der Moderne. Nach ihrer Promotion in Heidelberg bei Karl Jaspers über weltliche Liebe, Nächstenliebe und Gottesliebe bei Augustinus lebte sie bis 1933 als freie Wissenschaftlerin zuletzt in Berlin, wo sie, die Jüdin, ihre Recherchen zu den Spannungen zwischen Assimilation und jüdischer Selbstbehauptung im Leben der Romantikerin Rahel Varnhagen begann. Spätestens Anfang 1933 mit der Machtübernahme der Nationalsozialisten begann ihre physische Vertreibung. Nach Exil in Paris und Inhaftierung im südfranzösischen Internierungslager Gurs gelang ihr 1941 – dank eines Notvisums und dank der Flüchtlingsorganisation von Varian Fry – gemeinsam mit ihrem Mann Heinrich Blücher die Flucht nach New York, wo sie bis zu ihrem Tod 1975 wirkte. Als sie Deutschland verließ, war sie 26 Jahre jung. So sehr sie der Zusammenbruch aller geltenden moralischen Normen im Privaten wie Politischen erschütterte, so begierig war sie, sich ihm mit aller Geisteskraft zu stellen und auszusetzen. Wie sollte man mit dem, was 1933 und mehr noch, was nach 1941 geschah, fortan »zurande kommen«?

All words like Peace and Love,
All sane affirmative speech,
Had been soiled, profaned, debased
To a horrid mechanical screech.[1]

zitiert Arendt einmal den Dichterfreund W.H. Auden. Vier Zeilen, welche die Grunderfahrung des 20. Jahrhunderts wachriefen und so von etwas sprachen, was den meisten zu quälend selbstverständlich war, wie Arendt sagte, als dass sie es überhaupt in Wörter fassen konnten.

Dichter sagen es besser, als wir es können. Die Menschen, sie konnten nicht mehr im Einklang mit der Welt schwingen. Alle Zuversicht verströmenden Begriffe wie »Liebe« und »Frieden« waren – beschmutzt, entweiht und entwürdigt – zu einem *screech*, einem Gekreische, mutiert. Die Moral, längst zu einer »bloßen Reihe von Gewohnheiten« verkommen, trug nicht mehr in der Wirklichkeit ihrer Zeit. Angesichts der »vollendeten Sinnlosigkeit« der Vernichtungslager, die »den Untergang unserer Denkkategorien und Urteilsmaßstäbe« an den Tag gebracht hatten[2], hatte sich ihr im Nationalsozialismus die Welt gleichsam in einen leeren Raum verwandelt, in dem es, wie sie 1947 in einem Bilde beschrieb[3], nur noch Einzelne gab, die die Sintflut wie Noah in seiner Arche überlebt hatten. Im Austausch dieser Einzelnen, sollte sich, so ihre Hoffnung, eines Tages wieder Welt begründen.

Dem hier abgedruckten Vortrag *Was heißt persönliche Verantwortung in einer Diktatur?* – entstanden um 1964/1965, also etwa ein Jahr nach Erscheinen ihres *Eichmann-Reports* – ist der Schock über das, was als »die Eichmann-Kontroverse« in die Geschichte eingegangen ist, eingeschrieben. Ihr Bericht *Eichmann in Jerusalem: A Report on the Banality of Evil*, 1963 in New York erschienen, hatte heftige Reaktionen ausgelöst, die Arendt als Weltverlust erlebt haben muss, darunter die Angriffe des »jüdischen Establishments« gegen sie als angebliche

Feindin der jüdischen Sache; dabei war der Staat Israel in ihren Augen »die einzige politische Instanz«, die »wir besitzen« – auch dort, wo sie mit politischen Entscheidungen in Israel sehr uneins sein mochte. Gegen eine diffamierende Schlagzeile wie »Est-elle Nazie?« *(Nouvel Observateur)* kam sie als Einzelne nicht an. Auch die Reaktionen in Deutschland nach Erscheinen der englischen Ausgabe waren nicht ermutigend, und die Angriffe gegen sie ließen es offensichtlich nicht zu, dass Arendt der bundesdeutschen Ausgabe des Eichmann-Buches 1964 ein Zitat von Heinrich Heine voranstellte: »Wie schlecht geschützt ist Israel? Falsche Freunde bewachen seine Tore von außen und im Innern herrschen Narrheit und Furcht.«

Schritt für Schritt tastet sich Hannah Arendt in dem Vortrag *Was heißt persönliche Verantwortung in einer Diktatur?* durch das Gewirr der Fragen, was einer heute unter persönlicher Verantwortung verstehen kann. Deutlich unterscheidet sie dabei moralische von juristischer und politischer Verantwortung, und alles Sprechen kreist hier um die Frage, welche Schwierigkeiten sich auftun, wenn man in der Moderne in moralischen Angelegenheiten weder selbstverständlich auf göttliche Gebote noch auf andere allgemein anerkannte Regeln zurückgreifen kann. Wieder und wieder dreht und wendet sie in diesem Vortrag die noch heute erstaunlich aktuellen Probleme ihrer Zeit: Gibt es das heute noch, persönliche Verantwortung, in diesen Zeiten allgemeiner Vergesellschaftung? Was hat es, trotz der vielen mitunter lautstark geäußerten Meinungen mit der allgemeinen Furcht zu urteilen auf sich? Was eigentlich sagt uns die willfährige Gleichschaltung der vielen 1933 über die menschliche Urteilsfähigkeit? Wohin führen das Argument des kleineren Übels und das des Handelns auf höheren Befehl? Wie sitzen Richter über jemanden zu Gericht, der von sich sagt, dass sein Handeln nicht frei, sondern bestimmt gewesen sei und dass er sich im Einklang mit Recht und Gesetz wusste? Und was ist Verantwortung, wenn unter totalitären Verhältnissen jeder, der am öffentlichen Leben teilnimmt, auf die ein oder andere Weise in die Taten oder richtiger: in die Untaten des eigenen Regimes verstrickt wird, sodass zwar vielleicht nur wenige die Verbrechen aus vollem Herzen bejahen, aber viele aus Furcht oder Notlage bereit sind, sich tausenderlei Erklärungen oder Entschuldigungen zurechtzulegen und auf diese Weise mitzuwirken an etwas, das ihnen als (rettende) »Neuordnung« dargeboten wird? Das Mitmachen nämlich, es wird unter diktatorischen Verhältnissen verführerisch leicht zu einer »Selbstverständlichkeit«.

Ganz am Ende des Vortrags, wo die Frage aufkommt, wie sich die wenigen unterschieden, die nicht mittaten, setzt Arendt deshalb einen erstaunlichen Akzent: Sie betont, dass es vielleicht für den Einzelnen unter diktatorischer Herrschaft keine Möglichkeit gibt, etwas zu tun, im Sinne von etwas auszurichten, wohl aber die Möglichkeit, nichts zu tun; dass aber dieses Nicht-Handeln seinerseits vielleicht doch auch ein Handeln ist. Jedes Befolgen der Gesetze ist ja immer auch eine Unterstützung. Folglich müsste sich, wer nicht unterstützen wolle, um sich nicht in das innere Zwangssystem von Diktaturen totalitärer Prägung zu verstricken, die Teilhabe am öffentlichen Leben versagen und alle »Orte der Verantwortung« meiden. Auf der Suche danach, wie der Einzelne dennoch in seine persönliche Verantwortung zurückfindet, ging Arendt in diesem Vortrag noch einen Schritt weiter und erinnert an die Kraft des »zivilen Ungehorsams«. Zehn Jahre später wird sie dazu aufrufen, das Recht auf zivilen Ungehorsam in der US-amerikanischen Verfassung zu verankern.[4]

Die Herausforderung

Es ist ein schwieriges und großes Unterfangen, Tatsachen, die einen verwirren, derart in Worte zu fassen, dass sich das Neue, das einem begegnet ist, auch in der Sprache abzeichnet. Arendt brauchte fast zwei Jahre, um nach Beendigung des Eichmann-Prozesses ihren Bericht abzuschließen – nicht allein wegen der Fülle des Materials. Es ist hier nicht der Ort, die Kontroverse noch einmal aufzurollen, doch der Vortrag macht deutlich, dass die Prozessbesuche und die Lektüre der Verhör- und Sitzungsprotokolle ebenso wie die heftigen Attacken gegen das Buch und ihre Person Arendts Denken und Urteilen auf völlig neue Pfade führten. In *Elemente und Ursprünge totaler Herrschaft* (1950) hatte sie das »radikal Böse« aus Kants Vorstellungen hergeleitet: zwar könne man sich vom radikal Bösen keinen Begriff machen, hatte sie damals geschrieben, »aber in ihrem Bestreben, unter Beweis zu stellen, dass alles möglich ist, hat die totale Herrschaft, ohne es eigentlich zu wollen, entdeckt, dass es ein radikal Böses wirklich gibt«.[5] Ferner hatte sie den Totalitarismus als Herrschaft von Ideologie und Terror diagnostiziert. In *Vita activa* (1956) hatte Arendt der Freiheit des politischen Handelns eine Bresche geschlagen; und in *Über die Revolution* (1961) hatte sie den Aporien der Freiheit ein Denkmal gesetzt.

Im Eichmann-Prozess nun begegnete sie plötzlich Phänomenen, die sie zuallererst in moralischer Hinsicht verwirrten: Das Gewissen, das einmal individuelle Richtschnur und gesellschaftliche Übereinkunft bzw. sanktionierte Verhaltensstandards miteinander in Spannung gehalten hatte, hatte seinen Pfad verloren; es hatte sich auf Pflichten und auf Gesetzestreue geeicht. Wo wie im Nationalsozialismus jede moralische Handlung illegal und alles, was man ehedem für legal hielt, ein Verbrechen war, sah sich die Denkerin in der Auseinandersetzung mit der Person Eichmanns dazu genötigt, die bisherigen Vorstellungen neu zu hinterfragen: Natürlich war Eichmann ein Antisemit. Das stand außer Frage. Aber, so fragte sich Arendt: Konnte es sein, dass sie die Bedeutung der Ideologie für seine Taten überschätzt hatte? Ist das Böse keineswegs so radikal, wie sie es beschrieben hatte, sondern vielmehr »banal«, insofern es keine Wurzeln hat? Und, so überlegte sie: Wenn tatsächlich alles von oben oder von wo auch immer gelenkt werden kann, wenn die Menschen darauf eingeschworen werden können, die Moral als ein System anzusehen, das sich in Verpflichtungen äußert, was ist dann eigentlich noch das Humane, die zutiefst menschliche Tatsache, dass alles Tun ein Akt ist, also jemand sich für das, was er tut, selbst entschieden haben muss. Wir alle werden in ein vorhandenes System hineingeboren, nehmen an, was uns gut begründet erscheint, revoltieren vielleicht gegen das ein oder andere und machen uns in der Veränderung das System zu eigen. Was aber, wenn solche Wechselseitigkeit gar nicht mehr vorgesehen ist? Weil der moderne Mensch sich nach den Verhältnissen zu strecken hat.

Hinzu kam, dass die Reaktionen der Öffentlichkeit auf

ihren *Report* sie gelinde gesagt irritierten; doch sie verschanzte sich nicht, sondern setzte sich dem aus, was sie sah und hörte. Eine der Hauptfragen, die der Prozess in ihren Augen aufwarf, und die nicht verstanden wurde oder nicht verstanden werden wollte, war die Frage gewesen, ob es das wirklich gab oder geben konnte: dass einer böse Taten beging, und dies nicht aus Fanatismus und Fundamentalismus, also aus eigener Abneigung oder Überzeugung, sondern weil jemand oder gar er selbst es sich aufgetragen hatte. Ob es das wirklich gab, Menschen, die aus purer Pflichterfüllung bestanden und in ihrem Tun ganz und gar von sich, von ihrer eigenen Person und ihren eigenen Ansichten absahen? Und die dann irgendwann vielleicht sogar wirklich daran glaubten, was sie sich zurechtgelegt hatten? Ob es wirklich Menschen gab, die nicht nur so taten, als ob sie Niemande seien, sondern es auch so wollten? Das musste sie bedenken. Eichmanns Handlungen, so sagten es die vor Gericht vorgebrachten Fakten und Zeugenaussagen, waren nicht einfach die Handlungen eines Fanatikers. Sie sprachen in ihren Augen noch eine andere Sprache. Dieses (neue) Phänomen, das wollte sie begreifen. Eichmann war »weder schwachsinnig noch eigentlich verhetzt noch zynisch«, und dennoch »ganz außerstande«, im überlieferten Sinne »Recht von Unrecht zu scheiden«[6].

Der Historiker Raphael Gross hat eindrücklich analysiert, wie es die Nationalsozialisten mit ihrem System aus Ideologie und Terror geschafft haben, den Antisemitismus und Judenmord zu moralisieren.[7] Doch das erklärt nicht, was Arendt verstörte. Dass die Nationalsozialisten danach trachteten, die Menschen und ihr Gewissen durch Begriffe wie »Ehre«, »Treue« und »Anstand« zu konditionieren, war das eine.

Tatsächlich hatte ihre Frage einen anderen Akzent: Konnte es wirklich sein, dass die Spontaneität, also die menschliche Fähigkeit, als freie Person zu handeln und zu urteilen, ganz grundlegend bedroht ist? Und wenn ja, was bedeutete dies?

In ihrer Perspektive war das Problem nicht das Fehlen eines Gewissens, sondern dass Eichmanns Gewissen nicht (mehr?) in der erwarteten Weise funktionierte, weil es sich die Umwelt zum Maßstab machte, anders gesagt: weil es »auf einer Verschmelzung von Gesetzestreue mit Moral basierte«, wie es der Philosoph Dana Villa einmal formulierte. Er betont: In Arendts Augen versagte Eichmanns Gewissen nicht, weil er einen besonders ausgeprägten Drang zur Bosheit besaß oder weil er in gewisser Weise moralisch unzurechnungsfähig war, sondern weil ihm sein Gewissen nicht mehr sagte, ja, ihn nicht mehr mit der Frage plagte, was in den eigenen Augen richtig und was falsch ist, sondern sich an die Umgebung band und dieser gemäß seiner »Aufgabe« folgte.[8] Man weiß ja, dass jedes Urteil und jedes Gewissen – auch – aus der Umgebung geprägt ist. Und dennoch. Eichmanns Gewissen war autoritär strukturiert, wobei sich Eichmann vor Gericht, welch Ironie der Geschichte, ausgerechnet auf den Kant'schen Pflichtbegriff berief.

Über Verantwortung

Arendt hatte mit ihrem *Eichmann-Report* eine »unparteiische und eingehende Untersuchung der zur Diskussion stehenden Geschichtsperiode anstoßen« wollen, doch das war offensichtlich damals so nicht möglich. Ihre Sorge galt unter anderem der Frage, ob und in welchem Ausmaß sich das Gewissen, also die Fähigkeit des Menschen, für sich zwischen Recht und Unrecht zu unterscheiden, nur noch darauf reduziert, nichts zu tun, was von der Umgebung geächtet oder geahndet, unter Strafe gestellt wird. Ein anderer Aspekt, der hier erwähnt werden muss, ist die Unterwerfung des Gewissens unter angeblich höhere Notwendigkeiten, etwa die einer (nationalen) »Wir-müssen-uns-doch-wehren-können«-Einstellung. In der Bereitschaft zur Gleichschaltung lauerten, das hatte Arendts Generation bitter erfahren müssen, große Gefahren, denn im Gespräch, im Austausch der Standpunkte, konstituieren sich die Menschen als Verschiedene und jeder Einzelne als Person. Im Denken und Sprechen setzt man sich immer *neu* in eins.

Das Abenteuer des Lebens, ihr Pakt mit der Welt, bedurfte mutiger Worte und couragierter Taten – in ihren Augen das Größte, dessen Menschen fähig sind. Ihr Terminus von der »Banalität des Bösen« war solch ein mutiges Wort: »Ich hatte auf eine Tatsache hingewiesen, die ich für schockierend hielt, weil sie unseren Theorien über das Böse widersprach und von daher auf etwas möglicherweise Wahres, aber doch nicht Plausibles hingewiesen«, also – ganz sokratisch – auf eine Erscheinung, die sich nicht herleiten ließ. Dafür aber muss man das schon Gewusste verlassen, sich frei machen von dem, was vorgesehen und vorgedacht ist. Und noch etwas: Man muss sein Denken und Nachdenken verwurzeln, den Ideen auf den Grund gehen, statt sich vom Sturm des Augenblicks und des augenblicklichen Gefühls mitreißen zu lassen.

Tatsächlich entsteht Freiheit im Arendt'schen Sinne erst

dort, wo Menschen aus ihrem eigenen Bedingtsein heraustreten, sich nicht zuletzt von ihren Nöten und Ängsten frei machen. Sich ins Freie denken. Denn: der Sinn von Politik ist Freiheit und Freiheit entsteht im Zusammen-Handeln, so ihr Credo. Politik, das hieß für sie: Wir existieren als freie Menschen und wir existieren im Plural. Jeder muss von sich *und* vom anderen als einer intakten Person ausgehen und davon überzeugt sein, dass es in jedem Menschen etwas gibt, das unsere kleine gewöhnliche Existenz übersteigt. Was aber, wenn die öffentliche Meinung, etwa die Manipulation durch die Medien, die Mitglieder einer Gesellschaft nötigt, sich hinter Parolen zu scharen? Wenn die Menschen unter die Herrschaft einer Clique oder eines Machthabers gezwungen werden, sodass Worte und Taten sich in Dienstbeflissenheiten verflüchtigen?

Jeder Mensch ist, indem er handelt, in ein Gewebe von sozialen Prozessen eingebunden, manchmal in ihm gefangen. Die Frage der persönlichen Verantwortung stellt sich immer neu. Ein Dilemma. Schließlich waren und sind viele Menschen bereit, die Abwälzung der Verantwortung an Institutionen gelten zu lassen. Und schließlich basiert die gesamte moderne Gesellschaft auf Menschen, die zu Diensten sind. Von denen das »Rädchen«-Sein in einem gewissen Maße selbstverständlich erwartet wird. Was aber ist persönliche Verantwortung in solchen Zeiten? In Zeiten von Sachzwang, Meinungsmache, der Entgrenzung von öffentlich und privat, in Zeiten von immer unübersichtlicheren Entscheidungsprozessen von Großapparaten? In Zeiten, in denen alle hinterher sagen: »Einer musste es ja tun«?

Der Rädchen-Gedanke entmenschlicht die Menschen, so Arendt; es sei die Größe von Gerichtssälen, dass in ihnen die Rädchen wieder Menschen werden. Denn spätestens dort, wo Handlungen beurteilt werden, wird jeder als Einzelner, als Handlungsfähiger betrachtet, und das in moralischer wie in juristischer Hinsicht. Das Abwälzen von Verantwortung, im Gerichtssaal ist es aufgehoben. Ein Beispiel ist Feldwebel Schmidt, dessen Geschichte Hannah Arendt im *Eichmann-Report* wiedergibt, weil sie im Prozess zur Sprache kam: Aufgefordert zum Mord, erinnert der Feldwebel sich seines Menschseins und sagt Nein. Er entscheidet sich, sich seiner persönlichen Verantwortung zu stellen. Er rettet Juden, weil etwas von dem, was Arendt einmal das »tief in jedem Menschen verwurzelte Rechtsgefühl« nannte, irgendwo in ihm intakt geblieben ist. Was aber tut eine Gesellschaft, das ist eine der Fragen, die Arendt umtreibt, wenn immer weniger Menschen gegen das allgemeine »Gekreische«, also gegen Zeitgeist und Sachzwang und ein Wir-müssen-uns-doch-Wehren noch ein solches Rechtsgefühl in sich zu Wort kommen lassen; was tut der Einzelne in einer Gesellschaft, wenn ein solches Rechtsgefühl, also ein Bewusstsein für Recht und Unrecht, weder von der öffentlichen Meinung noch von geltenden Rechtsnormen genährt wird? »Wie kann ich«, fragt sie in dem Vortrag über persönliche Verantwortung, »Recht von Unrecht unterscheiden, wenn die Mehrheit oder meine gesamte Umgebung die Frage schon vorentschieden hat?«

Eichmanns Verhalten ließ ihrer Meinung nach die Frage aufkommen: Kann es sein, dass einer gebildet daherredet, sich gar auf Kant beruft, aber tatsächlich aufgehört hat, sich »vorzustellen, was er anstellte«, also die Wirklichkeit des anderen mitzudenken und Recht von Unrecht zu unterscheiden? Auch wenn ihre Kritiker immer wieder Eichmanns fanatischen Antisemitismus gegen Arendts *Report* ins Feld führten: Tatsächlich fehlte im Prozess das, was einen Fanatiker, wie sie ihn erwartet hatte, in ihren Augen auszeichnet; es kamen offensichtlich kaum Taten zur Sprache, die aus dem Affekt begangen waren. War das möglich? Sie berichtet: Anstatt in Jerusalem vor Gericht stolz zu verkünden, dass er aus alter Verbundenheit einige Juden persönlich gerettet hatte, duldete Eichmanns »Gewissen« eigentlich keine Ausnahmen von der »Aufgabe«. Was Arendt zu denken gab, war neben Eichmanns dargebotener Unerbittlichkeit und Pflichttreue vor allem die Beobachtung, dass Eichmann in seinem Tun offensichtlich keiner »Neigung«[9] folgte, weder einem Gefühl noch einem (Eigen)Interesse. Auf die Kritik an dieser Beobachtung kann hier nicht eingegangen werden.[10]

Hinzu kam eine andere Überlegung: Totalitäre Diktaturen stiften bewusst moralische Verwirrung und unterminieren die Moral ihrer Bürger. Die Nazis hüllten die Bewegung, wie Arendt einmal sagte, »in einen Nebel der Normalität und Respektabilität« der ihnen »in doppelter Weise als Fassade« diente: Sie täuschten »die Parteimitglieder über den radikalen Bruch, den sie mit der gesamten nicht totalitären Welt vollzogen haben, und sie täuschen die nicht totalitäre Umgebung über die radikale Andersartigkeit und Aggressivität« ihrer ideologischen Fiktion.[11] Bodenlos etwa ist angesichts der Ermordung der Juden in den Gaskammern der Satz von Eichmann, unnötige Härten seien zu vermeiden gewesen, ebenso wie Himmlers berühmte SS-Rede: »Von euch werden die meisten wissen, was es heißt, wenn 100 Leichen beisammenliegen, wenn 500 oder wenn 1000 daliegen. Dies durchgehalten zu haben, und dabei – abgesehen von Ausnahmen menschlicher Schwächen – anständig geblieben zu sein, das ... ist ein niemals geschriebenes und niemals zu schreibendes Ruhmesblatt unserer Geschichte.« Wie konnte einem das Wort »beisammen« einfallen? Und wie das Wort »Anstand«, wo es um Massenmord ging?

Der gespenstische Spuk der Leere, die sich auftut, wo Menschen nicht mehr miteinander im Gespräch über Moral und Rechtsgefühl verschiedene Standpunkte austauschen können, wo vielmehr die Stimmen des Gewissens vorsätzlich in die Irre geführt und in die Neuordnung der totalitären Zwangsverhältnisse gepresst werden, dieser Spuk musste zur Sprache kommen. Auch dafür schrieb Arendt den *Eichmann-Report*. Die Frage nach der persönlichen Verantwortung, die Arendt nicht nur in dem hier abgedruckten Vortrag umtrieb, betraf nicht die Sorge, warum die Menschen nicht mehr den Geboten (Du sollst nicht stehlen, Du sollst nicht töten), Folge leisten, sondern die Sorge, dass das, was ursprünglich einmal hinter den Geboten gestanden haben dürfte, die Frage nämlich »Wie kann ich, wenn ich stehle, und vor allem wie kann ich, wenn ich morde, danach noch als Mensch mit mir zusammenleben?«, schwinden könnte. In Arendts Worten: Die Menschen, die aus Gewissensgründen im Nationalsozialismus nicht mitmachten, gehorchten keinen Geboten, sondern »stellten sich die Frage, inwiefern sie mit sich selbst zusammenleben könnten, wenn sie bestimmte Taten begingen«. Sie zogen es vor, sich ins Privatleben zurückzuziehen und nichts zu tun, weil sie nicht mit sich als einem Mörder zusammenleben wollten.

Im Gespräch

Bereits beim Schreiben und erst recht in der Kampagne gegen ihren *Eichmann-Report* stürmte über Arendt herein, was genau sie bei sich und der Welt anrichtete, wenn sie sich von dem, was sie sah, in ihren Vorstellungen erschüttern ließ. Jeder Autor ist immer auch naiv, mehr am Prozess des Schreibens und Denkens als an der Wirkung interessiert. Arendt sah in Eichmann eine Gefahr: Die Herausforderung, ja Bedrohung dieser Person lag vielleicht gerade nicht im Monströsen, das es ja tatsächlich gab, sondern in der vielleicht einzigartigen monströsen Banalität. Welches, so scheint sie sich gefragt zu haben, war der tatsächliche Beweggrund für sein Handeln? Und: gab es überhaupt einen eigenen »Grund«? Konnte es Verhältnisse geben, unter denen das, was die Menschen taten, die eigenen Beweggründe völlig separierte? Sie hatte das Monströse ja erwartet, bis ihr im Prozess in Israel vielleicht klar wurde: Man musste die Idee der Monstrosität noch einmal hinterfragen; sie hatte für die Deutschen, und vielleicht nicht nur für sie, etwas Verführerisches, denn sie lagerte aus. Mit ihr konnte so vieles beim Alten bleiben: man konnte den Holocaust als eine Episode des extremen Antihumanismus, als eine Zeit des Wahns und der Finsternis beschreiben und dann, nachdem der Nationalsozialismus zerschlagen und die Lager aufgelöst waren, verzweifelt so tun, als könne man zum Leben vorher zurückkehren. Eine Lebenslüge? Der Dichter Robert Lowell, so berichtet Barbara Hahn, entdeckt in Arendts *Report* »a new kind of biography«. Keine Farbe, keine Anekdote. Nichts, was die Person näherbringt. Stattdessen: »a living kicking anatomy, Eichmann's

X-ray in motion.« Eichmann, ein wandelndes Skelett, ein herumlaufendes Röntgenbild, nur Gerüst. Wie eine Marionette. Sein Körper und seine Organe, alles Eigen-Lebendige hatte seine Materialität verloren.[12]

Der Eichmann-Prozess und die Kontroverse um ihren *Report* warfen völlig neue Fragen auf, und Arendt wollte und musste diese bedenken und den neuen Fragen auf die Spur kommen. Insofern war das Schreiben des *Reports* nicht nur eine nachträgliche Sorge, eine *Cura Posterior*, wenn man so will, sondern auch eine *Cura Posteris*, eine Sorge um die Nachgeborenen – und ihr Ziel war es, ausgehend von den eigenen neuen Fragen für sich selbst und die anderen alles noch einmal neu zu durchdenken, um, »die Grundlagen einer neuen politischen Moral zu schaffen«[13], wie sie einmal schrieb.

Arendt, die sah, welche Zukunft in der Eichmann-Debatte auf dem Spiel stand, fragte sich: Wie konnte der Einzelne unter diktatorischer Herrschaft dem »Sturm« der öffentlichen Meinung trotzen und zu einem eigenen Urteil finden – entgegen dem ganzen öffentlichen Gerede von Zugehörigkeit und Volkesliebe und dem vom Schutz nationaler Belange? Der Eichmann-Prozess wurde zu einer Wasserscheide in ihrem Werk. All die Fragen, welche normalerweise schweigend in uns nagen, darunter die der persönlichen Verantwortung, mussten aus dem inneren Schweigen herausgelöst und neu zur Sprache gebracht werden.

Denken ist Nachdenken, einem Phänomen auf seinen Grund gehen. Was habe ich gesehen, was habe ich erlebt, und was bedeutet dies; wie »affiziert« es mein übriges bisheriges Nachdenken? Es galt, das Anerkennen der Dinge, wie sie sind, zu lehren, also aus der Wahrhaftigkeit heraus zu räsonieren. Tatsächlich muss die Zeit Mitte der 1960er-Jahre, für Arendt eine manische Zeit gewesen sein. Sie hält zahlreiche Vorträge, die sie wieder und wieder variiert und überarbeitet; Passagen aus dem einen tauchen in einem anderen Vortrag wieder auf. Wieder und wieder dreht und wendet sie ihre Überlegungen, wieder und wieder sucht sie das Gespräch, um möglichst viele von den neuen Fragen und Überlegungen in die Welt zu entlassen, wo sie sich tummeln, etwas aufmischen und neue Gespräche aufbringen können, aber sie tut dies alles auch, um selbst durch die Gespräche immer tiefer und weiter in der Sache vorzudringen. Wer ist der Mensch, wenn er – wie Eichmann – persönlich keine Verantwortung mehr für seine Taten übernehmen zu müssen scheint, weil »der Zeitgeist«, ein Führerbefehl oder die Weltgeschichte, ihn zu einem ausführenden Organ von Notstandsdekreten, Befehlen oder Bewegungsgesetzen macht. Niemande aber, Menschen ohne eigene Moral und ohne persönliche Verantwortung, kann man nicht greifen. Einem Niemand kann man schwer den Prozess machen, man kann ihm nichts verzeihen und man kann mit ihm keine bindenden Versprechen auf eine gemeinsame politische Zukunft hin eingehen.

Arendt suchte zeitlebens das Gespräch, mit den Lebenden ebenso wie mit den Toten, darunter mit Walter Benjamin, Sokrates, Emily Dickinson, Friedrich Schiller und vielen anderen. Sie muss, als der erste Sturm der Angriffe nachließ, die Gelegenheit zu Vorträgen und Debatten regelrecht gesucht haben, um möglichst viel und im Gespräch mit möglichst vielen anderen hinter die Erscheinungen zu schauen und die Fragen weiterzutreiben, die der Eichmann-Prozess selbst und die Kampagne gegen sie aufwarfen. Wie auch in dem hier abgedruckten Vortrag weist sie in vielen Vorträgen und Essays explizit darauf hin, dass diese ihren Ursprung in der Kontroverse haben. Einmal erklärt sie: Da sie den Begriff von der Banalität des Bösen benutzt habe, fühle sie sich nun verpflichtet zu untersuchen, wie sie ihm gerecht werde und wohin dieser neue Begriff sie führe. Ihre Vorträge und Essays der Mittsechzigerjahre tragen Titel wie: *Persönliche Verantwortung unter der Diktatur*, *Some Questions of Moral Philosophy (dt. Über das Böse)*, *Was ist kollektive Verantwortung?* und *Über den Zusammenhang von Denken und Moral*. Zudem hielt sie verschiedene Vorlesungen zu Themen der Moralphilosophie, zu Kants *Kritik der Urteilskraft* und zu »Basic Moral Propositions«. Andere politische Essays wie *Wahrheit und Politik* oder *Lüge in der Politik* widmen sich der politisch moralischen Krise in den USA.

Auch hier, in ihrer Auseinandersetzung mit der Verantwortung, geht es um eine Neubefragung der Grundlagen. Der Schock darüber, auf welche Weise ihre Urteile im *Eichmann-Report* zurückgewiesen wurden, prägten die Zäsur in ihrem Werk und die Konzentration im Spätwerk *Vom Leben des Geistes* auf Denken, Wollen und Urteilen. In jedem Satz dieses Vortrags spürt man, in welchem Ausmaß Arendt – mit fester, urteilskräftiger Stimme zwar, doch mit einem der denkerischen Not gemäßen tastenden Satzbau – wie mit ausgestreckten Armen durch die unbekannten Territorien des Denkens voranpirscht, sich neue Denkwege bahnt. Bis in den Sprachgestus des Suchens hinein, ist der Vortrag gezeichnet von dem, was Jaspers einmal ihren »Willen zur Wahrhaftigkeit und zur Anschauung des Menschen« nannte.

In welchem Ausmaß Arendt ihr Denken ins Gespräch verwickelt, erkennt man unschwer – auch – daran, dass sie immer neue Korrekturen und Einschübe in ihre Manuskripte einfügte und die meisten Vorträge und Essays auch ganz offensichtlich im Dialog mit brieflichen Debatten jener Zeit standen. Der Bonner Germanist Benno von Wiese etwa, ein Studienkollege und wohl zeitweiliger Verehrer, der Ende 1932 bei einem seiner Besuche offenbar völlig gedankenlos zu ihr gesagt haben muss, man müsse die Juden von den Hochschulen entfernen – dieser Benno von Wiese, ab 1933 NSDAP-Mitglied, sandte Hannah Arendt, mit der er seit 1953 wieder in Kontakt stand, 1964 einen Artikel aus der *Zeit*: Es war die Zeit, da die junge Generation (auch die der Germanisten) sich mit der Frage der persönlichen Verantwortung der »Väter« während der NS-Zeit zu befassen begann. Wieses Artikel mit dem Titel »Bemerkungen zur unbewältigten Vergangenheit«, der sich aus dem Vorwurf der Kollaboration während der NS-Zeit herauszuwinden versuchte, empörte sie, unter anderem empörte sie darin der Satz »Wir sind damals dem Zeitgeist erlegen«, eine Formel, die sie auch in dem Vortrag aufgreift. »Es ist nicht wahr, dass Du dem Zeitgeist in Gestalt von Hitler erlegen bist«, schreibt sie ihm, »sondern wahr ist, dass Du der Angst vor diesem allerdings sehr Furcht erregenden Zeitgeist erlegen bist. Das ist zweierlei«.[14]

Und dann führt sie aus, dass sie ihn nicht persönlich habe verurteilen, sondern nur mit ihm habe »räsonieren« wollen. Und legt präzise dar, was auch für uns Heutige so schwer auseinanderzuhalten ist und was wir uns immer wieder klarmachen müssen, wenn wir dazu tendieren, uns aus welchen Ängsten oder Nöten auch immer von etwas mitreißen zu lassen: Es wäre besser gewesen, so ihr Argument, wenn er sich damals bewusst gewesen wäre, dass er sich aus Angst und nicht aus Überzeugung gleichschaltete. Das hätte geholfen, denn dann hätte die Überzeugung gar nicht erst kommen müssen. Wer um seine Angst weiß, der sieht klarer und kann klarer urteilen. An von Wiese schreibt sie: »Du hättest klarer gesehen, wie weit du gehen musst und was du nicht zu sagen oder zu drucken brauchst. Du hättest dein Urteil behalten.« Es ist offensichtlich keine Selbstverständlichkeit, und dennoch dürfte Arendt es genau so gemeint haben, dass manche Urteile nicht den Einzelnen als Person aburteilen. Arendt urteilte über die Argumente, denn darüber zu urteilen sind wir in ihren Augen der Geschichte schuldig.

Das Mädchen aus der Fremde

Damit man urteilen und so auch Verantwortung realisieren kann, muss man zunächst anerkennen, was ist, davon war Arendt überzeugt. Sich den Tatsachenwahrheiten verschreiben, wie sie das nennt. Hinzu kommt: Urteilen bedeutet, in Distanz treten zu dem, über das man urteilen möchte. Arendt hatte sich schon früh die Distanz der Herkunft, die eine Realität war, in ein poetisches Bild übersetzt und sich sicher mit einem gewissen Stolz als das »Mädchen aus der Fremde« bezeichnet, frei nach einem Gedicht von Friedrich Schiller. Bei Schiller faszinieren Schönheit und Kraft des »Mädchens«, das nicht »in dem Thal geboren« ist, also nicht in die Gewohnheiten der Einheimischen verstrickt ist und auch nicht von den einheimischen Früchten lebt, sondern »Blumen und Früchte« mitbringt, die »auf einer andern Flur gereift« sind.[15] Das Mädchen aus der Fremde, sie ist eine Paria im Geiste, eine, die sich – auch absichtlich fremd hält (»fern der Vertraulichkeit«, wie es bei Schiller heißt), sodass sie selbst bei allem Dazugehören-Wollen die Differenz lebt, also anders sieht und hört und fühlt und eben: mit anderen Früchten die Menschen beschenkt. Die Spannung aus Assimilation und Differenz musste fruchtbar bleiben.

In meiner Art zu denken und zu urteilen komme ich noch immer aus Königsberg. Manchmal verheimliche ich mir das. Aber es ist so. Amerikanerin bin ich sozusagen nur und zugleich von ganzem politischem Herzen. Genaugenommen war und bin ich, wohin ich auch kam, immer das Mädchen aus der Fremde geblieben, von dem ein Gedicht Schillers spricht … und hier wie da … hat mich die Angst begleitet, ich könnte zuletzt mir selbst verloren gehen.[16]

Die fragile Existenz des Paria, das hat Hannah Arendt an dem Schriftsteller Heinrich Heine expliziert, sieht die Gesellschaft, in der er oder sie lebt, gleichzeitig von innen wie von außen, entfernter und schärfer zugleich:

Weil er nicht mehr wollte, als der politischen Welt ihren Spiegel vorhalten, kam er ohne Doktrin aus und konnte sich seinen großen Enthusiasmus für die Freiheit erhalten. Und weil er nichts durch die Brille einer Ideologie, wenn auch alles wie durch die Gläser eines Teleskopes, entfernter und schärfer, gesehen hat, kann er heute noch als einer der klügsten Beurteiler der politischen Ereignisse seiner Zeit gelten.

Auch Arendt erkannte Distanz nicht als Bedrohung, sondern als Nährstoff. Fremd stand sie den meist an der Soziologie orientierten Denkern ihrer Zeit gegenüber, doch die Eigenart ihrer Energie übertrug sich auf andere, nicht nur auf Jaspers, der an sie schrieb: »Überall die Einzelnen, die Du ermutigst – auch mich.« Doch der Preis ist bekannt: Ein Paria kann sich nie sicher sein, ob und wie lange die Gesellschaft, in der er lebt und wirkt, ihm Daseinsberechtigung zuspricht.

Nachdem sie das Bild von der Fremden gefunden hatte, muss sie bemerkt haben, was es mit ihr machte. Denn damit überführte sie das Schicksal (»nicht ganz von hier« zu sein) in einen bewussten Akt: Sie verwandelte die Schwäche des Andersseins in eine Stärke. Doch wer solches treibt, lebt gefährlich: Er hält der Gesellschaft einen Spiegel vor, den diese vielleicht nicht will. Zu Recht sah Jaspers in der Kampagne gegen ihr Buch »den Anfang der Solidarität aller …, die sich in den eigenen Lebenslügen getroffen fühlen«.[17]

Der fremde Blick ist keineswegs eine spezifisch jüdische Qualität. Wer ihn fruchtbar macht, wem es gelingt, sich nicht vom Sturm eingefleischter Affekte mitreißen zu lassen, sondern selbst zu denken, also aus eigener Kraft den Tatsachen ins Auge zu schauen, kann Mehrheitsgesellschaften viel zu denken geben.

Kollektive Verantwortung

Zeitgleich zu der Auseinandersetzung mit persönlicher Verantwortung in einer Diktatur hält Hannah Arendt auf einem Symposium einen Vortrag über kollektive Verantwortung[18]. 1946, bei der Lektüre von Jaspers *Schuldfrage* hatte sie Vorbehalte gegen dessen Terminus der metaphysischen Schuld geäußert. Eine Aussage wie: »Wenn ich nicht alles tue, was ich kann, um etwas zu verhindern, bin ich mitschuldig«, erschien ihr fraglich. Kollektive Schuld gab es in ihren Augen ebenso wenig wie kollektive Unschuld. Oder doch? 1964 unterscheidet Arendt mehrere Arten von kollektiver Verantwortung: Ein »Alle sind schuldig« lehnt sie ab, weil es die wirklich Schuldigen entlastet; denn wo alle schuldig sind, ist in Wirklichkeit niemand mehr schuldig. Kollektive Verantwortung dagegen definiert sich in ihren Augen durch zwei Bedingungen: Einerseits durch das »Ich muss verantwortlich gemacht werden für etwas, das ich selbst nicht getan habe«, und andererseits durch ein »Ich bin nur verantwortlich, sofern ich meine Zugehörigkeit zu einer Gruppe von meiner Seite aus durch einen willentlichen Akt lösen kann«. Der Unterschied, den Arendt zwischen juristischer und moralischer Verantwortung dort zieht, ist erhellend: De jure und vor Gericht bin ich für die Taten einer Gruppe in dem Maße verantwortlich, in dem ich mitgemacht habe. Moralisch hingegen bin ich, sofern ich willentlich dazugehöre, auch für die Taten anderer Gruppenmitglieder mitverantwortlich. Der Sonderfall der kollektiven Verantwortung, der sie besonders beschäftigte, war der, wo »etwas in meinem Namen getan wurde, obwohl ich nicht dabei gewesen«, also nicht mitgehandelt habe. Hier kommt vor allen Dingen die Politik ins Spiel: Ist man verantwortlich für die Taten eines Landes, wenn man sie nicht beeinflussen konnte, vor allem weil man, aus welchen Gründen auch immer, von der politischen Willensbildung ausgeschlossen ist?

Scharf trennt Arendt kollektive von persönlicher Verantwortung, insofern die persönliche Verantwortung – ob juristisch oder moralisch – nur Taten meint, die der Einzelne tatsächlich getan hat. Ihr Beitrag zur kollektiven Verantwortung aber setzt sich damit auseinander, dass niemand ohne Gemeinschaft leben kann, man also nolens volens immer verstrickt ist, auch ohne etwas getan zu haben. In totalitären Staaten stellt sich die Frage der kollektiven Verantwortung in besonderem Maße und noch einmal ganz anders, insofern die totalitäre Herrschaft bewusst alles darauf anlegt, alle Bewohner eines Landes in ihr System zu verstricken und gezielt die Teilhabe aller am eigenen mörderischen Tun herzustellen.

Ins Urteilen kommen

Wie ein Kettfaden zieht sich die Frage – was tun wir, wenn wir urteilen – durch den hier abgedruckten Vortrag wie durch viele andere Vorträge und Essays jener Zeit. Wie konstituiert sich Gewissen? Wie Urteilen, wenn, wie der NS-Jurist Hans Frank es beschrieben hat, die eigene Richtschnur lautet: »Was würde der Führer zu meinem Verhalten sagen?« Das moralische Urteilen hat wie das juristische Urteilen den Einzelnen zum Gegenstand; das politische Urteilen hingegen zielt auf jene grundlegende, »in der Kondition der menschlichen Pluralität begründete« Neigung, sich mehr um die Welt, denn um sich selbst oder die Rettung der eigenen Seele zu kümmern. Die Aussage: »Das kann ich nicht tun«, ist moralisch gesehen verantwortlich, politisch gesehen unverantwortlich, denn ihr Maßstab ist das Selbst, nicht die Veränderung der Welt. Die Frage, die fortan für Arendt im Raume steht, lautet: Was hat es mit dem Gewissen und dem Wollen noch auf sich, wenn dessen autonomer Aspekt offensichtlich so schwach geworden ist? Und wie können wir das Urteilen von der (persönlichen) Meinung lösen und diesem als einer Handlung wieder zu einem stärkeren Dasein verhelfen?

Zeit ihres denkerischen Lebens hat sich Hannah Arendt mit der Bedeutung der Urteilskraft als jenem Vermögen auseinandergesetzt, das Politik begründet und den Menschen befähigt, die mit anderen geteilte Welt zu verstehen und auszuhandeln. Wenn Arendt sagt: »Wer bin ich, dass ich richte«, oder »Wir müssen urteilen, auch wenn wir nicht dabei gewesen sind«, geht es ihr darum, über das zu urteilen, was diese Taten an Tatsächlichem und an moralischen Rechtfertigungen in die Welt setzen. Deutlich fordert sie, dass sie das Recht haben muss, zu urteilen, ohne zu wissen, wie sie selbst sich in einer entsprechenden Situation verhalten hätte. »Wer hat je behauptet, dass ich, indem ich ein Unrecht beurteile, unterstelle, selbst unfähig zu sein, es zu begehen?«, fragt sie im Vortrag. Wir wissen eben nicht, was wir selbst in einer vergleichbaren Situation getan hätten. Wir urteilen über Vergangenes, nicht um Recht zu haben, sondern um – aus den Verstrickungen der Zeit befreit – die Dinge für die Zukunft zu bedenken.

An der Gleichschaltung von 1933 könne man den Zusammenbruch des persönlichen Urteilsvermögens studieren, so Arendt. Sobald man heutzutage an einer bestimmten Person eine besondere Schuld festmache, anstatt die Schuld für alle Taten bei geschichtlichen Bedingungen und dialektischen Bewegungen zu suchen, werde man angegriffen; und wer immer auch nur beiläufig moralische Fragen aufwerfe, sei mit einem erschreckenden Mangel an Selbstvertrauen und Stolz konfrontiert. Stolz aber ist, in den Worten von Isak

Dinesen, »der Glaube an die Idee, die Gott hatte, als er uns schuf. Ein stolzer Mensch trachtet danach, im Lichte dieser Idee zu leben und sie zu verwirklichen.«[19]

Indem wir über eine Geschichte nachdenken, sie uns und anderen immer neu erzählen und auf diese Weise, nachdem sie zu einem Ende gekommen ist, anfangen, »kräftig ins Urteilen« zu kommen, hört die Geschichte auf, eine unerträgliche Abfolge nackter Ereignisse zu sein. Die Tatsachen, und seien sie noch so grausam, müssen bewahrt werden, nicht, damit wir nicht vergessen, sondern damit wir urteilen können. Schließlich ist es die Fähigkeit zu urteilen, die uns zum Handeln befähigt. Denn jede menschliche Tat ist ja eine Entscheidung. »Hinter der Abneigung zu urteilen«, so heißt es in dem hier abgedruckten Vortrag, »lauert der Verdacht, dass eigentlich niemand mehr ein frei handelndes Wesen ist.« Wer so denkt, zweifelt daran, dass in der heutigen Zeit überhaupt noch irgendwer verantwortlich Rede und Antwort über seine Taten stehen möchte und stehen kann.

Besuche machen

Zeitgleich zu dem Vortrag über die persönliche Verantwortung beginnt Arendt zur Vertiefung dieser Fragen an der Universität einen Kurs zu Kants Urteilskraft abzuhalten. Und tatsächlich geht ihr eigener Begriff der Urteilskraft im Wesentlichen auf Immanuel Kant zurück und zwar erstaunlicherweise auf dessen Theorien zur ästhetischen Urteilskraft.[20] Von Kant ursprünglich im Zusammenhang mit Geschmacksurteilen verhandelt, wurde die ästhetische Urteilskraft bei ihr auf das Politische übertragen. Ein uninteressiertes Weltinteresse gewissermaßen. Doch ist auch dieses bedroht durch den äußeren Zwang des Terrors – Unterdrückung, Gleichschaltung, Uniformierung – und durch den inneren Zwang ideologischen Denkens.

Urteilen meint im traditionellen Verständnis, so kommentiert Hannah Arendt Kant, das ordnende Subsumieren des Einzelnen und Partikularen unter etwas Allgemeines und Universales. Ein »plausibles« Ableiten, wenn man so will. Doch immer dann, wenn wir mit etwas konfrontiert sind, was wir noch nicht gesehen haben, für das wir bislang keine Maßstäbe entwickelt haben, kommt ein ganz anderes Urteilen ins Spiel. Dieses Urteilen, das im Zentrum von Arendts Interesse steht, kann sich auf nichts berufen als auf das, was man sieht und hört, auf die Evidenz des Zu-Beurteilenden selbst, und es hat keine andere Voraussetzung als die menschliche Fähigkeit zu urteilen, die mit der Fähigkeit zu unterscheiden sehr viel mehr zu tun hat als mit der Fähigkeit zu ordnen und zu subsumieren. Solch maßstabloses Urteilen ist uns wohl bekannt aus dem ästhetischen oder Geschmacksurteil, über das man, wie Kant einmal sagte, gerade nicht »disputieren«, wohl aber streiten und übereinkommen kann.

Das politische Urteilen sammelt auf seinem Weg jedes Zwischen- und Vorverständnis, um überhaupt zu einem Urteil zu gelangen. Im Bereich menschlicher Angelegenheiten schreitet man von einem Zwischen-Urteil zum nächsten fort als conditio sine qua non des Verstehens, Urteilens und Wohnens in der Welt, im Mit-sein mit Anderen.[21]

Für Arendt gründet die Urteilskraft in der schon bei Homer beschriebenen Fähigkeit, ein und dieselbe Sache von verschiedenen Standpunkten aus zu betrachten. Um die anfängliche Befangenheit des je eigenen Meinens zu überwinden, müssen die relevanten Faktoren, Auffassungen und Einsichten anderer im eigenen Handeln mit einbezogen werden und so das Persönliche »transzendieren«, überschreiten. In dem bei Kant erhobenen »Anspruch auf Allgemeingültigkeit« sieht Arendt das Vermögen der Urteilskraft verankert, sich über »subjektive Privatbedingungen« des Urteils hinwegzusetzen. Man urteilt, so Kant, so Arendt, immer als Einzelner und dennoch als Mitglied einer Gemeinschaft. Kants Idee der Einbildungskraft und der erweiterten Denkungsart konturieren auch Arendts Theorie der politischen Urteilskraft: Dank der Einbildungskraft, also der Fähigkeit, Abwesendes zu vergegenwärtigen, verfüge der Mensch reziprok auch über die Fähigkeit, denkend in Distanz zum eigenen Dasein zu treten; in der erweiterten Denkungsart lehre das Subjekt seine Einbildungskraft, bildlich gesprochen, »Besuche zu machen«. Explizit betont Arendt, dass es darum geht, sich die Distanz, die man im Urteilen eingeht, bewusst zu machen – und sich unter Berücksichtigung vieler »besuchter« anderer Standorte ein Urteil zu bilden.

Doch »Besuch machen« ist nicht zu verwechseln mit Empathie. Statt die eigene Position aufzugeben und sich passiv zum Austragungsort fremder Meinungen zu machen oder den anderen besser manipulieren zu können, geht es Arendt um das, was Kant »beistimmen« nannte, also darum, möglichst viele Standpunkte versuchshalber zu bedenken. Der Urteilende schreite im Prozess der Urteilsbildung von einem Zwischen-Urteil zum nächsten und überwinde so die anfängliche (private) Bedingtheit seines Urteilens. Während sich das denkende Ich vom Gemeinsinn abwende und sich aus dem menschlichen Miteinander zurückziehe[22], kehre im *sensus communis* der Denkende zur Welt des menschlichen Miteinanders zurück: »Private Bedingungen bedingen uns, Einbildungskraft und Reflexion befähigen uns dazu, uns von ihnen zu befreien«[23] – das verstehende Herz, das König Salomon sich wünschte, um zu hören und recht zu richten. »Stellen Sie sich vor«, beschreibt Hannah Arendt den Vorgang,

»ich schaute auf ein bestimmtes Wohnhaus in einem Slum und würde in diesem besonderen Gebäude die allgemeine Vorstellung, die es nicht direkt ausdrückt, erkennen: die Vorstellung von Armut und Elend. Ich gelange zu dieser Vorstellung, indem ich mir vergegenwärtige, repräsentiere, wie ich mich fühlen würde, wenn ich dort zu leben hätte. Das heißt, ich versuche, vom Standort des Slumbewohners aus zu denken. Das Urteil, zu dem ich dann komme, wird keineswegs das gleiche sein wie das der Bewohner, bei denen die Zeit und die Hoffnungslosigkeit eine Abstumpfung gegenüber ihren schändlichen Lebensbedingungen bewirkt haben mögen.«[24]

Um über jemanden nachzudenken, muss er aus unserer Sinneswahrnehmung herausgenommen sein, denn solange wir mit ihm zusammen sind, denken wir nicht an ihn – auch wenn wir Eindrücke sammeln mögen, die später unseren Gedanken zur Nahrung werden; über jemanden nachzudenken, der anwesend ist, bedeutet, dass wir uns heimlich aus seiner Gesellschaft wegbewegen und so verhalten, als wäre er nicht mehr da.[25] Doch muss man betonen: Es geht nicht darum, sich von sich zu entfernen, um den Standpunkt des anderen einzunehmen, gar in dessen Person einzutauchen, sondern es geht um die Bereitschaft, die eigenen Handlungen aus der

Sicht von anderen mit anzusehen, die anderen in den eigenen Handlungen und Urteilen mitzudenken – eine Bereitschaft, die Arendt bei Eichmann nirgends antraf: »Das habe ich eigentlich gemeint mit der Banalität. Da ist keine Tiefe – das ist nicht dämonisch! Das ist einfach der Unwille, sich je vorzustellen, was eigentlich mit dem anderen ist.« Im Übrigen sei es, als ob man gegen eine Wand spreche, weil zwar geredet werde, aber man selbst nie eine Reaktion bekommt, weil nie auf einen eingegangen wird.

Vom Spontanen und vom Bedingten

Das Leben, es bewegt sich, davon war Arendt überzeugt, in der Spannung zwischen Bedingtem und Spontanem. Erst in ihrer Zeit werde vermutlich die außerordentliche Bedeutung der Spontaneität bzw. des Anfangen-Könnens als menschliche Fähigkeit »realisiert«, denn mit der totalen Herrschaftsform sei eine Herrschaft in die Welt gekommen, die nicht »nur« die Freiheiten beschränkte, sondern »daranging, die Spontaneität des Menschen auf allen Gebieten prinzipiell zu vernichten«. So schärfte sie den Blick für die Gefahren eines Überhandnehmens dessen, was sie das »Bedingte« nennt. Für die Versuche, den Menschen zu konditionieren. Wo der Einzelne zusehends in die Mühlen seines Umfeldes gerät, wo er etwa durch Umwelt, Zeitgeist, angeblich höhere Gewalten oder das Argument vom kleineren Übel zur Uniformierung und Unterordnung des Denkens und Urteilens unter die Herrschaft von Logik und Sachzwang gedrängt wird, wo es angeblich »keine Alternative« gibt, dort ist auch in demokratischen Gesellschaften die Freiheit ernstlich bedroht. Konnte es geschehen, so fragte sich Arendt sinngemäß, dass man angesichts eines permanent wachsenden öffentlichen Drucks seine Meinung nicht mitteilen, ja nicht teilen kann und deshalb zu keinem Urteil gelangen kann? Hinter der sich allgemein verbreitenden Furcht davor, überhaupt noch zu urteilen, verberge sich, so liest man, die »stillschweigende Übereinkunft, dass es in unseren modernen Gesellschaften frei handelnde Wesen gar nicht mehr« gebe.

Die Erkenntnis, dass die in der Aufklärung erneuerte Idee der Einbildungskraft auch zu Lügen, Manipulationen und Täuschungen befähige und die Menschen auch dazu bringen könne, sich an Lügen und Täuschungen gar wider besseres Wissen zu klammern, ging bei Arendt einher mit einer zunehmend kritischen Analyse der von Konsum, Medien und Experten dominierten modernen Gesellschaften. Der wachsende Einfluss von »Public-Relations-Managern« und einer Politik, die nur noch auf »Problemlösen« ausgerichtet ist, statt danach zu fragen, wessen die Menschen bedürfen, habe die Entwirklichung beschleunigt. Wo alle in Utopien, »Images«, Theorien oder in schiere Torheiten flüchten, stehe der *sensus communis* infrage; die »erweiterte Denkungsart« – dieses »anstelle eines anderen denken« (Kant) – garantiere die Überwindung der Privatbedingtheit, der Subjektivität des Urteils. So selbstverständlich Irreführungen im Bereich des Politischen seien, müsse verhindert werden, dass der »Flugsand« unwahrer Behauptungen aller Art (Täuschungen wie Selbsttäuschungen) den Menschen den Atem raubt.[26] Wie konnte man zu dem gelangen, was Nietzsche einst die »Schöpfung neuer eigener Gütertafeln« genannt hatte? Das Schreckensbild, das ihr nach Eichmann deutlich vor Augen stand, lautete: Womöglich konnte die leidenschaftliche Zeitgenossenschaft jedes Menschen – die Lust am Handeln, die Arendt in *Vita activa* untersucht hatte, und die Lust am Wettstreit der Meinungen, die sie in *Über die Revolution* hervorgehoben hatte – vollständig einer Lust am Dazugehören, Mitmachen und Funktionieren weichen. Das aber hieße: Die Lust ist noch da, nur die Freiheit ist verschwunden.[27]

In Arendts Werk begegnen wir der beängstigenden Vorstellung, die Welt könne eines Tages so beschaffen sein, dass Mitmachen, Reagieren und Funktionieren im Vordergrund stehen und das spontane, von der Freiheit kündende Handeln völlig verschwunden ist. Ihre Beobachtungen über das Verhalten des dänischen Königs Christian X., der sich weigerte, in seinem Land den »Judenstern« einzuführen, über Feldwebel Schmidt, der sich weigerte, Juden zu erschießen, und über die Verzweiflung des Judenratsältesten Adam Czerniaków, der sich im Warschauer Getto das Leben genommen hatte, mündeten in der Frage nach der Verteidigung von Handlungsräumen in totalitären Zeiten. So notwendig Vorurteile seien, weil komplette Vorurteilslosigkeit übermenschliche Wachheit erfordere und weil man auch nicht in jedem Moment alles immer neu bedenken könne, so müssten Vorurteile doch, wo sie sich als Erkenntnishindernisse erwiesen hätten, im Urteilen aufgelöst werden. Gerade im Zusammenbruch von lang bewährten Verhältnissen hätten die Menschen die Gewohnheit, sich an das Alte und seinen Fortbestand zu klammern. So bergen Vorurteile, die ursprünglich einmal aus nachvollziehbaren Urteilen entstanden waren, die Gefahr, durch die Zeiten mitgeschleppt zu werden, sich als Ideologien zu verselbstständigen und Erfahrung und Wirklichkeit zu verfälschen.

In unserer heutigen Zeit, die auf neue Art an den Verbindungen der Menschen zerrt, sind das öffentliche Wir und seine spontane Zusammenkunft erneut in Gefahr. Die Vernetzung des Internets organisiert uns in Filterblasen, in *communities*. Wie in einen Kokon hüllen die Menschen sich in Angst- und Zugehörigkeitsgemeinschaften. Öffentliche Debatten haben sich auf Newsgruppen oder Neogemeinschaften verlagert, die sich nach Zugehörigkeit und Zusammengehörigkeit formieren. Solchen im Internet sich verbindenden Wertegemeinschaften bietet sich zuallererst ein je auf sie zugeschnittener Weltausschnitt dar. Dort aber, wo die Nachrichten kein Korrektiv mehr erfahren können, weil sie sich keiner pluralen Öffentlichkeit mehr aussetzen, läuft man Gefahr, Fake News für wahr zu halten. So werden in immer größerem Umfang Tatsachen mit Meinungen und Meinungen mit Tatsachen verwechselt, wie Arendt dieses Phänomen einmal nannte. Der Boden der Tatsachen löst sich auf, der öffentliche Raum droht, in Parallelwelten und Parallelgesellschaften zu zerfallen. »Das Absterben des öffentlichen Raumes« aber, so bewertete Richard Sennett einst die Anfänge dieser Entwicklung, »ist eine Ursache dafür, dass die Menschen im Bereich der Intimität suchen, was ihnen in der ›Fremde‹ der Öffentlichkeit versagt bleibt.«[28]

Was viele von Arendts Texten auch im 21. Jahrhundert so aktuell macht, ist, dass in ihnen – allen Manipulations- und Vergesellschaftungstenzenden zum Trotz – der Mensch in seiner ganzen Bedrängnis als »frei handelndes Wesen« neu entworfen, ja wiedererschaffen wird. So illusionär Freiheit sein mag, so wenig beständig sie ist, sie muss verteidigt werden, wieder und wieder. Die Möglichkeit, dass alles auch ganz anders hätte kommen können, muss von der Geschichte zurückgefordert werden. Indem wir uns die Freiheit, und gerade die Freiheit zu urteilen, nehmen, halten wir die bedrängenden Fragen des Heute im Gespräch und geben ihnen ein stärkeres Dasein. Denn im Sprechen, das zeigt auch Arendts hier abgedruckter Vortrag eindrücklich, vermenschlichen wir die Wirklichkeit, eignen sie uns an, machen sie uns zu eigen. Verändern sie vielleicht.

ANMERKUNGEN

1 W.H. Auden, zitiert nach »Die Sonning Preis-Rede, Kopenhagen 1975«, in *Text und Kritik*, 166/167, dt. v. U. Ludz, Göttingen 2005, S. 3–11.

2 H. Arendt, *Zwischen Vergangenheit und Zukunft. Übungen im politischen Denken der Gegenwart I*, hg. v. U. Ludz, München 1994, S. 122.

3 Siehe H. Arendt, »Zueignung an Karl Jaspers«, in dies., *Sechs Essays*, Heidelberg 1947.

4 Siehe den Aufsatz H. Arendt, »Ziviler Ungehorsam«, dt. v. E. Geisel, in dies., *Zur Zeit. Politische Essays*, hg. v. M.L. Knott, S. 119–160.

5 H. Arendt, *Elemente und Ursprünge totaler Herrschaft*, München 1994, S. 941.

6 H. Arendt, *Eichmann in Jerusalem*, a.a.O., S. 99.

7 R. Gross, *Anständig geblieben: Nationalsozialistische Moral*, Frankfurt a.M., 2010, Einleitung. Gross geht in einem gesonderten Kapitel auch auf Eichmann (und Arendts Eichmann-Report) ein und beschreibt den Massenmörder als mehrdeutige Kippfigur. Dabei verwendet er Wittgensteins berühmte Metapher eines H-E-Kopfes, der dem Betrachter bekanntlich mal als Hasen- und mal als Entenkopf erscheine.

8 D. Villa, »Das Gewissen, die Banalität des Bösen und der Gedanke eines repräsentativen Täters«, in *Hannah Arendt Revisited. »Eichmann in Jerusalem« und die Folgen*, hg. v. G. Smith, Frankfurt a.M. 2000, S. 231–263.

9 H. Arendt, *Eichmann in Jerusalem. Ein Bericht von der Banalität des Bösen*, S. 176.

10 Doron Rabinovici etwa hat in seiner großartigen Studie *Instanzen der Ohnmacht* gegen Arendts Eichmann-Report darauf hingewiesen, dass die Politik Eichmanns gegen die Juden in seiner Wiener Zeit »keineswegs nur die eines ausführenden Vollzugsorgans« gewesen sei, was Arendt so auch nicht behauptet hatte. Eichmann sei, so Rabinovici, kein Dämon, sondern ein Manager der »nazistischen Judenpolitik« gewesen, der von seiner Aufgabe durchaus begeistert gewesen sei (S. 414, 415, s. auch Anm. 27).

11 Siehe den Aufsatz M. L. Knott, »Der Span des Gegenwärtigen und sein Kampf mit dem Nichts. Zu Hannah Arendts frühem Notizbuch«, in *Schreibheft* Nr. 84, hg. v. N. Wehr, S. 179f.

12 Barbara Hahn über Robert Lowell in *Hannah Arendt – Von den Dichtern erwarten wir Wahrheit*, Katalog zur gleichnamigen Ausstellung, hg. v. B. Hahn und M. L. Knott, Berlin 2007.

13 »Das Schreiben war mir damals eine *Cura Posterior*, aber dass es mir wirklich darauf ankommt (wie Sie sagen), die Grundlagen einer neuen politischen Moral zu schaffen, ist natürlich wahr, wenn ich es auch so aus Bescheidenheit nie formuliert habe.« Brief von H. Arendt an H. Meier-Cronemeyer, 18. Juli 1963, zitiert nach E. Young-Bruehl, *Aus Liebe zur Welt*, Frankfurt 1991, S. 513.

14 Brief von H. Arendt an B. v. Wiese, 24. Dezember 1964, DLA Marbach, zitiert nach M. L. Knott, *Verlernen. Denkwege bei Hannah Arendt*, Berlin 2011, S. 87f.

15 Der Wortlaut des Gedichtes »Das Mädchen aus der Fremde« von Friedrich Schiller:
»In einem Thal bei armen Hirten, / Erschien mit jedem jungen Jahr, /
Sobald die ersten Lerchen schwirrten, / Ein Mädchen, schön und wunderbar.
Sie war nicht in dem Thal geboren, / Man wußte nicht, woher sie kam; /
Und schnell war ihre Spur verloren, / Sobald das Mädchen Abschied nahm.
Beseligend war ihre Nähe, / Und alle Herzen wurden weit; /
Doch eine Würde, eine Höhe / Entfernte die Vertraulichkeit.
Sie brachte Blumen mit und Früchte, / Gereift auf einer andern Flur, /
In einem andern Sonnenlichte, / In einer glücklichern Natur.
Und theilte Jedem eine Gabe, / Dem Früchte, Jenem Blumen aus; /
Der Jüngling und der Greis am Stabe, / Ein jeder ging beschenkt nach Haus.
Willkommen waren alle Gäste; / Doch nahte sich ein liebend Paar, /
Dem reichte sie der Gaben beste, / Der Blumen allerschönste dar.«

16 H. Arendt im Interview mit J. Fest abgedr. in *Ich will verstehen*, hg. v. U. Ludz.

17 H. Arendt/K. Jaspers, *Briefwechsel. 1926–1969*, München 1985, S. 562.

18 Siehe H. Arendt, »Kollektive Verantwortung«, in *Debatte Politik und Moderne IV*, Bremen, S. 4–16.

19 Isak Dinesen (Tania Blixen), zitiert nach M. L. Knott, »Der Span des Gegenwärtigen und sein Kampf mit dem Nichts. Zu einem frühen Notizheft von Hannah Arendt«, in *Schreibheft*, Nr. 84, 2015. S. 189

20 Für eine ausführlichere Auseinandersetzung mit Arendts Urteilskraft

siehe meinen Eintrag in der von Dan Diner im Auftrage der Sächsischen Akademie der Wissenschaften herausgegebenen Band 6 der *Enzyklopädie jüdischer Geschichte und Kultur*, Leipzig 2015, S. 230 ff. Die folgenden Ausführungen basieren auf dieser Arbeit.

21 H. Arendt, »Verstehen und Politik«, in *Zwischen Vergangenheit und Zukunft. Übungen im politischen Denken I*, S. 110–127.

22 H. Arendt, *Das Urteilen. Texte zu Kants politischer Philosophie*, hg. und mit einem Essay v. R. Beiner, dt. v. U. Ludz, München 1985, S. 57.

23 ebenda, S. 97.

24 H. Arendt, *Über das Böse. Eine Vorlesung zu Fragen der Ethik*, München 2006, S. 138.

25 H. Arendt, »Über den Zusammenhang von Denken und Moral«, in *Zwischen Vergangenheit und Zukunft*, S. 134.

26 H. Arendt, *In der Gegenwart. Übungen im politischen Denken II*, hg. v. U. Ludz, München 2000, S. 322.

27 Es ist anzunehmen, dass Arendt, um nur ein Beispiel zu nennen, Eichmanns äußerst erfinderische Schnittigkeit in Wien, wie Doron Rabinovci sie beschrieben hat, als Beispiel einer solchen »Lust am Funktionieren« interpretiert hätte.

28 R. Sennett, *Verfall und Ende des öffentlichen Lebens. Die Tyrannei der Intimität*, aus dem Amerikanischen von Reinhard Kaiser, Frankfurt 1983, S. 28.

BIBLIOGRAFIE

Zitierte Lektüre

H. Arendt, »Persönliche Verantwortung in der Diktatur«, in Eike Geisel/Klaus Bittermann (Hg.), *Israel, Palästina und der Antisemitismus*, Berlin 1991, S. 7–38.

H. Arendt, »Kollektive Verantwortung«, dt. v. F. Stühlmeyer und U. Vorkoeper, in Heinrich Böll Stiftung (Hg.), *Debatte Politik und Moderne IV*, Bremen, o. J., S. 4–16.

I. Kant, *Kritik der Urteilskraft*, hg. v. H. F. Klemme, Hamburg 2009.

H. Arendt, *Eichmann in Jerusalem. Ein Bericht von der Banalität des Bösen*, dt. v. B. Granzow, Hamburg 1978.

H. Arendt, *Sechs Essays*, Heidelberg 1948.

H. Arendt, *Zur Zeit. Politische Essays*, hg. v. M. L. Knott, Berlin 1986.

H. Arendt, *Elemente und Ursprünge totaler Herrschaft,* München 2005.

H. Arendt, *Zwischen Vergangenheit und Zukunft. Übungen im politischen Denken I,* hg. v. U. Ludz, München 1994.

H. Arendt, *In der Gegenwart. Übungen im politischen Denken II,* hg. v. U. Ludz, München 2000.

H. Arendt, *Über das Böse. Eine Vorlesung zu Fragen der Ethik,* München 2006.

H. Arendt, *Das Urteilen. Texte zu Kants politischer Philosophie*, hg. und mit einem Essay v. R. Beiner, dt. v. U. Ludz, München 1985.
H. Arendt/K. Jaspers, *Briefwechsel. 1926–1969*, München 1985.
M. L. Knott, *Verlernen. Denkwege bei Hannah Arendt*, Berlin 2011.
E. Young-Bruehl, *Hannah Arendt. Leben, Werk und Zeit*, dt. v. H. G. Holl, Frankfurt a. M. 1986.
Hannah Arendt. Von den Dichtern erwarten wir Wahrheit, Katalog zur gleichnamigen Ausstellung, hg. v. B. Hahn und M. L. Knott, Berlin 2007.
Hannah Arendt Revisited. »Eichmann in Jerusalem« und die Folgen, hg. v. G. Smith, Frankfurt a. M. 2000.
D. Rabinovici, *Instanzen der Ohnmacht,* Frankfurt a. M., 2002.
R. Gross, *Anständig geblieben: Nationalsozialistische Moral,* Frankfurt a. M., 2010.

Weitere Literatur

A. Appelfeld, »Das andere Erinnern. Kindheit im Holocaust«, in *Le Monde diplomatique*, 2004, dt. v. Niels Kadritzke.
H. Arendt, *Was ist Politik? Fragmente aus dem Nachlaß*, hg. v. U. Ludz, München 1993.
H. Arendt, *Wahrheit und Lüge in der Politik. Zwei Essays*, München 1994.
H. Arendt, *Rahel Varnhagen. Lebensgeschichte einer deutschen Jüdin aus der Romantik,* München 1959.
H. Arendt, *Vor Antisemitismus ist man nur noch auf dem Monde*

sicher. Beiträge für die deutsch-jüdische Emigrantenzeitung »Aufbau« 1941–1945, hg. v. M. L. Knott, München/Zürich 2000.
H. Arendt/G. Scholem, *Der Briefwechsel*, hg. v. M. L. Knott, Berlin 2010.